CRAIG E AMY
GROESCHEL

Até que a morte nos separe

CINCO COMPROMISSOS PARA IMPEDIR
QUE O SEU CASAMENTO FRACASSE

Vida

EDITORA VIDA
Rua Conde de Sarzedas, 246 – Liberdade
CEP 01512-070 – São Paulo, SP
Tel.: 0 xx 11 2618 7000
Fax: 0 xx 11 2618 7030
www.editoravida.com.br

©2014, de Craig & Amy Groeschel
Originalmente publicado nos EUA com o título
From This Day Forward
Copyright da edição brasileira ©2016, Editora Vida
Edição publicada com permissão de
Zondervan (Grand Rapids, MI).

■

Todos os direitos desta tradução em língua portuguesa reservados por Editora Vida.

PROIBIDA A REPRODUÇÃO POR QUAISQUER MEIOS, SALVO EM BREVES CITAÇÕES, COM INDICAÇÃO DA FONTE.

■

Editor responsável: Marcelo Smargiasse
Editor assistente: Gisele Romão da Cruz Santiago
Tradução: Maria Emília de Oliveira
Revisão de tradução: Andrea Filatro
Revisão de provas: Josemar de Souza Pinto
Projeto gráfico e diagramação: Claudia Fatel Lino
Capa: Arte Peniel

Scripture quotations taken from *Bíblia Sagrada, Nova Versão Internacional, NVI* ®.
Copyright © 1993, 2000 by International Bible Society ®. Used by permission IBS-STL U.S. All rights reserved worldwide.
Edição publicada por Editora Vida, salvo indicação em contrário.

Todas as citações bíblicas e de terceiros foram adaptadas segundo o Acordo Ortográfico da Língua Portuguesa, assinado em 1990, em vigor desde janeiro de 2009.

1. edição: abr. 2016

Dados Internacionais de Catalogação na Publicação (CIP)
(Câmara Brasileira do Livro, SP, Brasil)

Groeschel, Craig
  Até que a morte nos separe : cinco compromissos para impedir que o seu casamento fracasse / Craig & Amy Groeschel ; [tradução Maria Emília de Oliveira]. -- São Paulo : Editora Vida, 2016.

  Título original: From this day forward : five commitments to fail-proof your marriage
  ISBN 978-85-383-0331-2

  1. Casamento - Aspectos religiosos - Cristianismo I. Groeschel, Amy. II. Título.

16-00847   CDD-248.844

Índices para catálogo sistemático:
1. Casamento : Relação conjugal : Vida cristã : Cristianismo 248.844

Sumário

INTRODUÇÃO
O que você esperava? / p. 7

CAPÍTULO 1
Busque a Deus / p. 17

CAPÍTULO 2
Brigue civilizadamente / p. 41

CAPÍTULO 3
Divirta-se / p. 67

CAPÍTULO 4
Mantenha a pureza / p. 91

CAPÍTULO 5
Nunca desista / p. 117

CONCLUSÃO
Até que a morte os separe / p. 143

Agradecimentos / p. 147

INTRODUÇÃO

O que você esperava?

QUANDO VOCÊ ERA CRIANÇA, chegou a imaginar como seria o casamento? Se você é mulher, imaginou ter o casamento perfeito dos contos de fadas quando crescesse? Se imaginou, aposto que, no sonho, o seu marido era um belo rapaz de cabelos lindos como um ator de cinema. Quando começou a imaginar a vida de vocês dois juntos, aposto que, na sua fantasia, ele a carregou no colo ao entrar na casa perfeita e deslumbrante com lindas persianas e um gramado impecável, cercado de todas as suas flores favoritas.

E aquele homem maravilhoso dos seus sonhos a amava loucamente. Juntos, vocês tiveram o número ideal de filhos lindos, cada um com o nome perfeito. (Evidentemente, ambos eram jovens demais na época para prestar atenção em detalhes, como o ganho de peso na gravidez, as estrias e as cicatrizes de cesariana.) Nesse belo sonho, a sua família poderia servir de modelo para aquelas fotografias que aparecem nos porta-retratos.

E agora eu me dirijo aos homens. Quando era adolescente, o que *você* sonhava a respeito do seu casamento?

ATÉ QUE A MORTE NOS SEPARE

Repetindo, estou apenas conjecturando, mas aposto que a sua mulher era tão bonita quanto uma modelo usando biquíni. Aposto que os cabelos dela eram loiros (ou da sua cor favorita), se é que você pensava nesse tipo de detalhe. Na verdade, aposto que você não saberia me dizer qual era a cor dos olhos da mulher da sua fantasia. Mas posso apostar que você estava certo de que teria sexo pelo menos duas vezes por dia — e três vezes aos domingos!

Agora, quero fazer uma pergunta, quer você seja homem, quer seja mulher: Você continua sonhando? Ou caiu na realidade?

O seu casamento é aquele que você esperava?

GRANDES EXPECTATIVAS

A verdade é que todos nós temos as mais variadas expectativas quanto ao casamento. Imaginamos como vai ser e traçamos as circunstâncias ideais. No entanto, quando o casamento não atende a essas expectativas, o que é inevitável, a maioria de nós sente o peso do fracasso: abatimento, decepção, dor, raiva, frustração, desespero — e até divórcio. Queremos saber o que deu errado quando pensamos que conhecíamos o sr. Perfeito ou a sra. Perfeita. Queremos saber por que nos enganamos tanto a respeito daquela pessoa com a qual sonhamos passar a vida inteira.

Há, porém, uma dura verdade a respeito do casamento: as expectativas não resistem ao tempo. Elas se baseiam em fantasias românticas, filmes água com açúcar e imagens voláteis de corpos perfeitos e atitudes dóceis. A dura realidade é que todos nós somos seres imperfeitos. Todos nós nos esquecemos de fechar o tubo de creme dental ou de abaixar ou levantar a tampa do vaso sanitário — o que todos os que usam o banheiro deveriam fazer.

O que você esperava?

Todos nós acordamos de manhã com mau hálito. De vez em quando, o nariz de todos nós escorre e ocasionalmente temos diarreia! Estou usando uma linguagem grosseira, claro, mas você sabe que é verdade. Todos nós perdemos a cabeça e dizemos palavras ofensivas uma vez ou outra. No entanto, curiosamente, essas coisas não destroem aquelas fantasias que imaginamos para nós, embora todas se apliquem a *você* e também ao seu cônjuge! Talvez você tenha sofrido mágoas em relacionamentos anteriores. Talvez tenha presenciado o divórcio dos seus amigos, dos seus pais ou dos seus filhos adultos. Talvez você esteja mantendo o seu casamento porque sabe que não tem condições financeiras de viver só. Depois de tantas experiências, você não pode deixar de se perguntar: "É possível ter um bom casamento — ou até um casamento *excelente*?".

Você pode me chamar de louco, mas acredito de todo o coração que sim, é possível ter um casamento excelente. Não apenas um relacionamento saudável, mas um relacionamento cheio de amor, vibrante, no qual um ajuda o outro a alcançar seu pleno potencial. Não é surpresa constatar que é difícil ter esse tipo de casamento. Ele exige esforço de vários tipos. A verdade é que não existe nenhuma possibilidade de você ter um casamento assim se continuar a fazer as mesmas coisas que todo mundo faz.

É fácil entender por que isso é verdade. É fácil encontrar estatísticas horripilantes e muito tristes — em revistas, na internet e até na vida de amigos e familiares. Cerca de 50% dos casamentos fracassam. E se você é jovem, digamos com menos de 25 anos, adivinhe o que vai acontecer quando se casar? Suas chances serão piores. E não importa quanto dinheiro você possui, se é uma pessoa culta ou não, a que grupo étnico pertence

ATÉ QUE A MORTE NOS SEPARE

ou se é cristão. Estatisticamente falando, é um cara ou coroa para quase todas as pessoas.

E entre os 50% ou mais que *permanecem* casados, sabemos que muitos são infelizes. Não possuem intimidade verdadeira. Sentem-se frustrados em relação à sua vida e aos seus sonhos. Muitos casais permanecem juntos apenas "por causa dos filhos" ou porque têm medo da solidão ou de criar os filhos sozinhos. Aparentemente, há um número cada vez maior de casais da geração anterior à minha que se divorcia depois de muitos anos, assim que o último filho sai de casa.

Seja qual for a sua opinião, se você decidir se casar, há muitas possibilidades de fracassar. Portanto, faça uma pausa e pense comigo: em que outras áreas importantes da sua vida você está disposto a arriscar 50%?

Digamos que você tenha ouvido a notícia de que 50% das pessoas que comem o seu cereal favorito no café da manhã contraíram câncer. Suponhamos que os pesquisadores tenham comprovado que o câncer foi causado por aquele cereal. Você continuaria a comê-lo? Claro que não! Tentaria outra coisa.

E se você recebesse uma informação sigilosa de uma fonte fidedigna de que haverá uma crise econômica que espalhará pânico por toda parte? Se você não mexer em nenhum dos seus investimentos e deixar todas as suas economias no banco, assim que a notícia for comunicada oficialmente, haverá 50% de probabilidade de você perder tudo. O que você faria? Ficaria apavorado! Começaria a fazer indagações. Entraria em ação o mais rápido possível. "O que devo fazer? Há algum lugar seguro para eu colocar o meu dinheiro?". Você não esperaria para ver o que iria acontecer.

E se você descobrisse que há um vírus no ar, espalhado no mundo inteiro, infectando o cérebro dos gatos a tal ponto que

O que você esperava?

eles enlouquecerão e comerão seus donos? Se houvesse apenas 50% de probabilidade de o seu gato pegar esse vírus, na próxima vez em que você visse o Fofinho sentado no parapeito da janela com os olhos arregalados na sua direção, você pegaria a primeira coisa que encontrasse para se defender e começaria a planejar uma fuga.

Quero dizer que, quando as probabilidades são meio a meio em uma área importante da sua vida, você muda de comportamento. Não continua a fazer o mesmo que os outros fazem. Os resultados são óbvios; estão todos à sua volta. Você já sabe como tudo termina. Então, por que correr o risco com o seu casamento? Você não gostaria de encontrar um caminho mais apropriado ou de melhorar as suas chances?

No lugar onde moro, antes de conseguir a carteira de habilitação para dirigir um carro, a pessoa precisa assistir a algumas aulas e ser aprovada em um exame escrito. E, mesmo depois de tudo isso, ela *ainda* precisa ser aprovada no teste de direção. E, depois de aprovada, precisa ir ao departamento de trânsito e pagar uma taxa para receber a carteira de habilitação.

Se, porém, você quiser se casar, basta assinar um cheque de 50 dólares para obter uma certidão de casamento. Sem aulas, sem exames escritos, sem aconselhamento para casais, sem seminários sobre administração de conflitos, sem ter de provar que você não tem a menor ideia de onde está se metendo. É uma loucura saber que você assumirá um compromisso supostamente para a vida inteira sem nenhum preparo.

A verdade é que, na cultura atual, a maioria dos casais passa meses e meses planejando e preparando a festa de casamento. Há conversas intermináveis nas quais eles negociam os detalhes, como a cor ou o formato do convite, o tipo de flores, a roupa a

ATÉ QUE A MORTE NOS SEPARE

ser usada e o que será servido na recepção. Gastam horas e horas de tempo e esforço e milhares de dólares. No entanto, essas duas pessoas tão criteriosas não investem absolutamente nada na preparação do *relacionamento conjugal*. A cerimônia bem organizada de um casamento dura talvez uma hora (sem contar a recepção). Se você deseja que o seu casamento dure até o fim dos seus dias, será que ele não merece pelo menos a mesma preocupação e atenção aos detalhes?

Se você ainda não se casou, tenho ótimas notícias para dar. Ainda há tempo de começar corretamente. Poderá aprender a fazer as coisas de modo diferente deste mundo, de modo diferente de mais de 50% de casais à sua volta. Você é uma pessoa de sorte. Nunca é tarde demais para aprender a agir de acordo com a vontade de Deus. Você poderá preparar-se para enfrentar dificuldades antes que elas batam à sua porta. Poderá unir-se a outra pessoa e ter uma vida que honre a Deus e um ao outro. Poderá construir algo junto com essa pessoa que não seja apenas um acordo legal, não apenas duas assinaturas em um documento, mas um pacto espiritual diante de um Deus santo, uma vida de adoração. Se você e seu cônjuge colocarem Deus em primeiro lugar, ele concederá, com toda a certeza, o casamento que idealizou para vocês dois. Deus tem prazer em fazer isso.

Se você já se casou, também tenho ótimas notícias para compartilhar. Mesmo que não tenha começado com o "pé direito", nunca é tarde demais. Ou, se começou com o "pé direito", mas perdeu o equilíbrio em algum lugar do caminho, ainda há esperança. Você já viu aqueles vídeos do "antes e depois" de pessoas que perderam muitos quilos porque seguiram um programa de exercícios físicos? Como aquilo foi possível?

O que você esperava?

Elas deixaram de fazer as coisas que faziam antes e começaram a agir de forma diferente. Trocaram o sorvete por tênis de corrida, e os doces, por halteres. Pararam de comer por compulsão e adotaram hábitos saudáveis de alimentação. Pararam de zapear sentadas no sofá e começaram a ter aulas de zumba na academia. Se você está cansado de ficar acomodado a um casamento medíocre ou a um relacionamento endurecido, poderá seguir o mesmo método.

Os planos de Deus para o seu casamento continuam a oferecer esperança e um recomeço. Basta que você pare de fazer o que está fazendo — as mesmas coisas que todo mundo faz, aquelas coisas que levam 50% ou mais casais ao fracasso — e comece a viver o que Deus tem de melhor para o seu casamento.

ATÉ QUE A MORTE NOS SEPARE

Minha esposa, Amy, e eu não temos um casamento perfeito — estamos muito longe disso. Mas, hoje, nós nos amamos mais que no dia em que dissemos "sim" há mais de vinte e três anos (e seis filhos). Descobrimos que o segredo para o casamento bem-sucedido é aquilo que você ouviu antes, mas talvez não tenha pensado no que significa. O segredo para um casamento feliz e edificante começa quando você entende totalmente o significado desta frase simples: "Eu, [coloque o seu nome aqui], aceito você, [coloque o nome do seu cônjuge aqui], para o ter e conservar, *até que a morte nos separe*".

Essas seis palavrinhas são cheias de esperança e transbordam a promessa: "Até que a morte nos separe".

Não importa o que aconteceu no passado. Vocês se desentenderam quando estavam namorando? Tudo bem! Tiveram problemas de comunicação? Tudo bem! Disseram palavras que gostariam de não ter dito? Tudo bem! Fizeram coisas das quais se arrependeram? *Tudo bem*. As misericórdias de Deus, sua compaixão, não têm fim. Renovam-se todas as manhãs. E ele é sempre fiel (v. Lamentações 3.22,23).

Trace uma linha a partir de agora. A sua longa vida de amor, a sua nova paixão um pelo outro, o casamento mais fantástico que você pode imaginar começa agora. Hoje. E até que a morte os separe. Agora, neste momento, prometa que tudo o que acontecer a partir deste instante representará o compromisso sagrado assumido com o seu cônjuge diante de um Deus santo.

"Até que a morte nos separe."

Muitas pessoas parecem desprezar o fato de que, se escolhemos seguir a Cristo, quer antes quer depois de termos colocado a aliança no dedo daquela pessoa especial, assumimos um compromisso perante Deus. É fácil justificar o nosso comportamento — erros ou maus hábitos — quando comparamos os nossos defeitos com os do nosso cônjuge. Mas para nós, que dizemos ser cristãos, esse não é o procedimento característico, certo?

Dizemos: "Eu aceito você na alegria ou na tristeza, na riqueza ou na pobreza, na saúde ou na doença e, renunciando a tudo, prometo ser fiel a você até que a morte nos separe, *e que Deus me ajude*".

Penso que o problema para a maioria de nós é que dizemos a última parte em tom monótono, como se fosse uma espécie de promessa que memorizamos na escola, como se estivéssemos prestes a ser interrogados no tribunal por causa de uma infração de trânsito: "e que Deus me ajude".

Ao contrário, precisamos pensar nessas palavras como um pedido àquele que pode nos salvar: "Decidi fazer todas essas coisas, e estou falando sério, *muito sério*. Por isso, *por favor!* Ajuda-me, Deus!".

O que você esperava?

Quando pensamos nas promessas dessa maneira, permitimos que Deus assuma o seu lugar de direito no nosso relacionamento. Reconhecemos as nossas fraquezas, admitindo ser impossível cumprir esse compromisso, a não ser que escolhamos conferir ao Senhor a honra de estar no centro do nosso casamento (v. 2Coríntios 12.9). O nosso compromisso como casal reflete-se no pacto santo que assumimos diante dele.

E as nossas promessas baseiam-se em decisões. As escolhas que você faz todos os dias determinam não apenas o seu relacionamento com Deus, mas também a qualidade do seu casamento. As decisões que você toma hoje determinam o casamento que você terá amanhã. Neste livro, Amy e eu gostaríamos de compartilhar com você cinco decisões para impedir que o seu casamento fracasse. Se você tomar essas decisões, poderá ter — e terá — o casamento que Deus deseja para você.

Portanto, o que estou pedindo aqui — na verdade, o que estou me *atrevendo* a pedir que você faça — é decidir pôr em prática estes cinco itens no seu casamento.

1. Busque a Deus.
2. Brigue civilizadamente.
3. Divirta-se.
4. Mantenha a pureza.
5. Nunca desista.

Se você e o seu cônjuge (ou o seu futuro cônjuge) decidirem sinceramente seguir esses cinco itens, prometo que descobrirão uma vida mais produtiva, mais profunda, mais autêntica, mais gratificante e mais apaixonada que a fantasia mais espetacular que imaginaram nos tempos da adolescência.

Não seja um número a mais nas estatísticas. Não faça parte da média. Vamos construir o casamento que você sempre quis. A partir de agora, até que a morte os separe.

CAPÍTULO 1

Busque a Deus

"Deus, o melhor artífice de todos os casamentos, uniu os vossos corações em um."

WILLIAM SHAKESPEARE, HENRIQUE V

NA NOSSA CULTURA, todos sabem o que significa "a pessoa certa".[1]

As comédias românticas, os relacionamentos "felizes" das celebridades, os *sites* de namoro, até a maioria dos nossos amigos repetem constantemente esta mensagem: "Para ser genuinamente realizado, você precisa apenas encontrar 'a pessoa certa'. Assim que a encontrar, o mundo passará a ter as cores do arco-íris, repleto de corações e flores e canções de amor".

Até nós, os cristãos, passamos muito tempo antes do casamento procurando aquela "alma gêmea" perfeita. Chegamos até recorrer à Bíblia para reforçar a nossa busca. Provavelmente você conhece bem a citação bíblica "Aqueles que procuram, acham". Você conhece o texto registrado em Mateus 7.7,8 no qual

---

[1] Os autores usam a expressão "the one", que no texto também pode ser interpretada como "o único", "aquela pessoa". "a pessoa especial" ou "o par ideal". [N. do T.]

ATÉ QUE A MORTE NOS SEPARE

Jesus diz: "Peçam e vocês receberão; procurem e vocês acharão; batam, e a porta será aberta para vocês. Porque todos aqueles que pedem recebem; aqueles que procuram acham; e a porta será aberta para quem bate" (*Nova Tradução na Linguagem de Hoje*). Talvez você até tenha memorizado esse versículo. Se é um seguidor de Cristo que ainda espera encontrar aquele alguém especial, talvez ore todos os dias com sinceridade e pureza no coração: "Jesus, tu disseste que eu poderia pedir o que quisesse e que isso me seria dado. Disseste que, se eu procurar, encontrarei; se eu pedir, receberei. Por isso, Senhor, o meu pedido é este: por favor, envia-me aquela pessoa especial que me completará. A promessa foi *tua*. Agora tu precisas cumpri-la! Agradeço-te por isso. Amém".

Todo mundo sabe que você não poderá ser verdadeiramente feliz nesta vida enquanto não encontrar "a pessoa certa". Se você é cristão e ainda não se casou, deve estar procurando a pessoa que certamente suprirá as suas necessidades. Ela será o seu futuro cônjuge — mas ainda não sabe disso. E, se você é casado, quer apenas que o seu cônjuge entre em ação de uma vez por todas e supra todas as necessidades que você esperava dele. (Por que ele é tão teimoso? Por que não faz o que você quer, para que finalmente você seja feliz?)

Você conhece a história: O rapaz conhece a garota. O rapaz acha a garota bonita. O rapaz nota que o cabelo da garota é perfumado. A mente do rapaz começa a girar. "É ela!"

As garotas, é claro, são muito mais experientes no assunto. Elas enviam imediatamente uma mensagem de texto a todas as amigas depois daquele primeiro encontro mágico: "Uau! Ele é um gato! Seus olhos são maravilhosos, e tenho certeza de que ele costuma malhar!". E qual é a única coisa que elas *sempre* dizem?

Busque a Deus

"Conversamos, conversamos e conversamos durante horas. Acho que poderíamos conversar a vida inteira!" (Aproveitem enquanto durar, mulheres.) "Ele me completa. É ele. Eu sei!"

Se você já se casou, talvez tenha orado com base naquele mesmo versículo bíblico, só que um pouco diferente: "Jesus, tu disseste que eu poderia pedir o que quisesse, e que, se eu pedisse, receberia. Sinceramente, achei que a pessoa que me enviaste era aquela que eu queria. Agora não tenho tanta certeza assim. Mas eu te peço: por favor, transforma o meu cônjuge na pessoa que eu sei que ele *poderia* ser, em alguém que me complete. Espero de coração que tu estejas me ouvindo. Amém".

Em geral, mesmo quando você pensa ter encontrado "a pessoa certa", não demorará muito até começar a questionar se ela é realmente "o par ideal". Aparentemente, tudo vai bem no começo, mas de repente as coisas começam a complicar. Com o tempo, a ideia de encontrar aquela pessoa especial parece tão impossível quanto garimpar ouro no mar. Por quê? Por que ele ou ela nunca parece ser a pessoa que estávamos procurando?

Estou convencido de que há um motivo simples. Apesar de concordarmos em que você precisa encontrar "a pessoa certa" para completá-lo, *ela* nunca será "a pessoa certa".

Eu adoraria ouvir alguém dizer pelo menos uma vez: "Encontrei uma pessoa espetacular e muito religiosa! Nós nos divertimos muito juntos. Temos uma ligação espiritual incrível. Aliás, acho que acabo de encontrar 'a segunda pessoa mais importante da minha vida'!" Por quê? Porque para ser plenamente realizado, você precisa ter encontrado a primeira pessoa mais importante — Deus.

O segredo é este: Deus em primeiro lugar. E o seu cônjuge em segundo lugar.

ATÉ QUE A MORTE NOS SEPARE

AQUELA PESSOA ESPECIAL E ÚNICA

Se você tiver compreendido isso, creio sinceramente que se trata de um dos princípios mais importantes e fundamentais de que você necessita para manter um relacionamento duradouro e significativo: Deus é o número um para você.

No entanto, não acredite apenas no que eu digo. Vamos ver o que Jesus disse. Em Mateus 22.36, um fariseu (um profundo conhecedor da lei hebraica) perguntou a Jesus: "Mestre, qual é o maior mandamento da Lei?".

Jesus não respondeu: "Ah, isso é fácil! Ame o seu cônjuge de todo o seu coração e de toda a sua alma". Não. O que ele *disse*?

"Respondeu Jesus: 'Ame o Senhor, o seu Deus, de todo o seu coração, de toda a sua alma e de todo o seu entendimento'. [...] E o segundo [mandamento mais importante] é semelhante a ele: 'Ame o seu próximo como a si mesmo' " (v. 37,39).

Em essência, Jesus estava dizendo: Deus é o número um para você; ele deve ocupar o primeiro lugar na sua vida".

Neste livro, eu me dirijo tanto às pessoas solteiras como às casadas (leia outras informações sobre a contribuição de Amy no final deste capítulo). Por ora, vamos começar com os solteiros que gostariam de se casar um dia. (Por quê? Porque todas as pessoas mais velhas e casadas sempre dizem: "Eu gostaria de ter tomado conhecimento disso *antes* de me casar".)

Normalmente, quando me dirijo às pessoas solteiras da minha igreja, peço que levantem a mão. Depois, peço que olhem ao redor e vejam se há alguém com a mão levantada que poderia ser considerado um pretendente. Espero sinceramente que um dia, digamos daqui a dezenove ou vinte anos, eu comece a anunciar a formatura dos jovens da minha igreja que se chamam Craig porque ajudei seus pais a se conhecerem.

Busque a Deus

Se você ainda não se casou, mas espera casar-se um dia, eu gostaria que você se comprometesse a fazer o seguinte. Sugiro que registre por escrito a seguinte frase e talvez a prenda com fita adesiva no espelho do seu banheiro ou do carro, ou em algum lugar em que você possa vê-la todos os dias: "Buscarei aquele que está em primeiro lugar enquanto me preparo para encontrar aquele que ocupará o segundo lugar na minha vida".

Se você já se casou e segue a Cristo, deve acima de tudo honrar a Deus. Deve amá-lo, buscá-lo, conhecê-lo, procurar agradá-lo e viver em seu Espírito. Deve estruturar a sua vida de modo que tudo o que fizer seja para a glória de Deus. Não procure um cônjuge. Procure o Reino de Deus e sua justiça. Se você fizer isso em primeiro lugar, Deus dará a você, de acordo com Mateus 6.33, todas as outras coisas.

O problema é que, na cultura em que vivemos hoje, muitas pessoas solteiras que se dizem cristãs acreditam que podem deixar "as coisas de Deus" para depois, quando tiverem mais idade. Acham que terão muito tempo para pensar no assunto daqui a alguns anos, porque estão convencidas de que essas coisas não são muito importantes na juventude.

As pessoas solteiras parecem pensar: "Vou me casar um dia, e então vou levar a minha família para conhecer tudo o que diz respeito à igreja. Mas, por ora, eu quero mesmo é me divertir. Vou frequentar algumas boates para conhecer gente diferente. Sei que no momento estou pulando de galho em galho — e talvez alguns até pensem que tenho uma vida fútil, 'mundana' ou coisa parecida —, mas terei tempo para cuidar da minha vida espiritual mais tarde". Essa forma de encarar a vida tornou-se comum, e é incrivelmente perigosa, porque o impede de encontrar a pessoa com quem você deseja realmente se casar.

ALGUÉM COMO VOCÊ

Andy Stanley é pastor de uma igreja enorme e também um grande amigo meu. Certa vez, Andy me contou uma história que, a meu ver, ilustra esse assunto mais do que as minhas palavras. Esta é a minha versão do relato:

> Havia uma garota cristã muito consagrada. Quando ela saiu de casa para estudar na faculdade, fez o que a maioria das alunas faz. Primeiro, cedeu um pouco à pressão de alguns colegas. Começou a frequentar festinhas e misturar-se com outras pessoas. Aquilo que começou como uma dose ocasional de bebida foi se transformando aos poucos em mais e mais. Logo, ela experimentou algumas drogas aqui e ali. Conheceu muitos rapazes, claro, e a situação foi evoluindo até ela se envolver com um após o outro. Em seguida, sem se dar conta do que estava acontecendo, ela, aos poucos, mergulhou em uma vida muito destrutiva e pecaminosa.
>
> Mesmo enquanto ela levava essa vida, um pensamento lhe martelava a mente: Ainda acredito em Deus. Um dia, ainda terei um casamento piedoso. Vou voltar atrás e fazer o que é certo. Contudo, a jovem continuou a ter uma vida autodestrutiva.
>
> Certo dia, por "obra do destino", uma amiga lhe apresentou um rapaz em frente ao centro acadêmico. Ele tinha tudo o que ela esperava de um futuro ótimo marido: era um líder excelente e piedoso, a ponto de até mesmo discipular outros rapazes! Ele estava usando seus dons para tentar fazer diferença no mundo e, aparentemente, iniciava uma carreira muito promissora. Ela sentiu que ambos se davam muito bem e procurava conversar com ele sempre que possível.
>
> Depois de algumas semanas, ela foi passar um fim de semana em casa e contou à mãe: "Estou muito entusiasmada. Conheci um

rapaz na faculdade. Ele é tudo o que eu sempre quis — religioso, simpático e sensato. Simplesmente perfeito! Exatamente o tipo de rapaz com quem eu sempre quis me casar. Acho que ele é a pessoa ideal para mim, mãe. Estou pensando em contar a ele como me sinto".

A mãe da garota franziu um pouco a testa e disse da forma mais carinhosa possível: "Querida, se esse rapaz é tudo o que você diz que ele é, acho que você precisa ser sincera consigo mesma: é bem provável que um jovem como ele não esteja procurando uma garota como você".

Você sabe qual é o pior lado de uma história como essa? O pior lado é que você sabe que ela é verdadeira! Este é um princípio absolutamente certo: não importa o que você *deseja*, os semelhantes se atraem. Se você espera ter um casamento piedoso um dia, precisa começar a ter uma vida piedosa hoje.

Transforme-se na pessoa com quem você gostaria de se casar.

Se a pessoa que você deseja é alguém que teve 18 parceiros sexuais diferentes, não hesite; vá em frente e seja essa pessoa. Mas lembre-se: se você fizer as mesmas coisas que todo mundo faz, as suas chances de ter um casamento duradouro serão as mesmas de todo mundo: meio a meio. As suas chances de ter um casamento firme e sólido serão muito menores. Se você desejar algo diferente do que todo mundo deseja, terá de agir de modo diferente de todo mundo.

Se você quiser um cônjuge que seja inteiramente consagrado a Cristo, terá de dedicar-se a Cristo. Se quiser um cônjuge que busque a Deus diariamente em todas as áreas da vida dele, terá de começar a buscar a Deus diariamente. Assim, se você for solteiro e quiser se casar um dia, transforme-se na pessoa com quem você gostaria de se casar.

ATÉ QUE A MORTE NOS / SEPARE

Buscarei aquele que está em primeiro lugar enquanto me preparo para encontrar aquele que ocupará o segundo lugar na minha vida.

A MATEMÁTICA DO CASAMENTO

Agora, se você já se casou, precisa assumir um novo compromisso: Sempre buscarei aquele que está em primeiro lugar junto com aquele que ocupa o segundo lugar na minha vida. Por que isso é tão importante? Porque o nosso casamento só será a união que Deus planejou se Deus for o primeiro e o nosso cônjuge for o segundo. Infelizmente, quase todos nós misturamos as coisas. Algumas pessoas querem que o cônjuge seja o primeiro. "Você é tudo na minha vida. De agora em diante, a responsabilidade é toda sua: Faça-me feliz!".

Conheço alguns casais que conseguiram de fato colocar Deus em primeiro lugar na vida deles, mas, de repente, colocaram outra coisa entre o primeiro e o segundo lugar — os filhos. Outros colocaram a carreira profissional em segundo lugar. Mas a única combinação que funciona no casamento é colocar Deus em primeiro lugar e o cônjuge em segundo.

Quando você tenta colocar o seu cônjuge (ou o seu namorado ou namorada) em primeiro lugar, passa a exercer pressão excessiva sobre ele. Aliás, existe uma palavra para definir a situação de elevar outro ser humano a tal posição de grandeza: idolatria. A verdade é que ninguém será capaz de suprir as suas necessidades. Mark Driscoll, em seu livro *Quem você pensa que é?*,[2] escreve: "Os nossos ídolos sempre nos decepcionam e, com o passar do tempo, demonizamos as pessoas que idolatramos". Quando idolatramos alguém e depois essa pessoa nos

[2] São Paulo: Mundo Cristão, 2014.

Busque a Deus

decepciona — o que é inevitável, diga-se de passagem, porque todo ser humano comete erros e todo ser humano peca —, passamos a demonizá-la. "Como você foi capaz de fazer isso comigo? Por que não faz o que eu peço e da maneira que eu desejo? Por que você é tão cruel e egoísta?" Todos nós já vimos isso. Logo depois que um amigo seu conheceu uma garota, ele lhe disse: "Eu a amo porque ela é muito organizada. Ela é tão... tão... dinâmica. E eu a amo porque ela é apaixonada por tudo". E então, pouco depois do casamento, o tempo e a experiência dão a ele uma perspectiva um pouco diferente. "Ela é uma controladora obsessiva! Tudo tem de ser do jeito que ela quer. Nada do que eu faço é suficiente para ela. As suas reclamações constantes me enlouquecem." Primeiro idolatramos; depois demonizamos.

Com as mulheres, a experiência é semelhante, claro. Elas dizem às amigas: "Sabe o que eu acho mais sensacional nele? Ele é muito tranquilo, e você sabe que eu me preocupo com tudo. Esse jeito sossegado dele é um complemento perfeito para a minha personalidade. A presença dele me acalma. Ele me tranquiliza". Só que, depois de uns tempos de casados, aquelas características que antes eram tão charmosas começam a irritá-la. "Ele é o pai do sossego! Não consigo arrastá-lo para lugar nenhum. Ele nunca quer fazer nada. Não quer nem ser o chefe da família. Tenho certeza de que ele morreria de felicidade se eu o deixasse ficar sentado na poltrona jogando *videogame* o dia inteiro, todos os dias." Quando começamos a idolatrar outra pessoa, é inevitável: com o passar do tempo, ela será transformada em vilã.

É por isso que, se você for casado, precisa pôr em prática sua resolução: Sempre buscarei aquele que está em primeiro lugar junto com aquele que ocupa o segundo lugar na minha vida.

25

ATÉ QUE A MORTE NOS SEPARE

HÁBITOS MESTRES

O que significa "buscar aquele que está em primeiro lugar", "buscar a Deus"? Quais são as maneiras práticas de buscá-lo, de aprender a respeito dele e de conhecê-lo pessoalmente? Quando comecei a reunir ideias para falar sobre esse assunto na nossa igreja, percebi que, no final, eu tinha uma lista enorme nas mãos. A lista era autêntica. Incluía muitas atividades que a minha esposa, Amy, e eu fazemos juntos para ter certeza de que Deus ocupa o primeiro lugar na nossa vida. E não havia nada prático na maioria dos itens da minha lista; eram de fato espirituais! Estes são alguns itens da lista que preparei e que, ao meu ver, os casais deveriam seguir para buscar a Deus juntos:

- ♥ Leiam a Palavra de Deus juntos.
- ♥ Frequentem a igreja com regularidade para assistir aos cultos e também realizem cultos domésticos.
- ♥ Participem de grupos pequenos com amigos que seguem a Cristo e que se reúnem periodicamente.
- ♥ Peçam aos seus amigos que acompanhem de perto o crescimento espiritual de vocês e deem a eles o direito de cobrar resultados.
- ♥ Usem os seus dons para servirem juntos na igreja.
- ♥ Trabalhem juntos para fazer diferença na sua comunidade.
- ♥ Ensinem os valores eternos aos seus filhos.
- ♥ Criem tradições espirituais juntos e também com os seus filhos.

Viu só? A lista era enorme! (E só mencionei uma parte dela; havia muito mais.) Contudo, enquanto eu orava a respeito das

Busque a Deus

minhas ideias, senti verdadeiramente que Deus estava me mostrando que, se eu pedisse às pessoas que seguissem oito sugestões — ou 10, talvez 12 —, seriam grandes as chances de que a maioria não faria absolutamente *nada*. Infelizmente, essa é a realidade na vida de um pastor — ou, para ser mais sincero, na vida de qualquer líder.

Decidi, então, que precisava falar sobre uma única coisa simples. Se você deseja realmente ter um relacionamento autêntico com Deus, a única disciplina espiritual — e a mais importante — de que você necessita é buscar o Senhor.

Essa afirmação é um tanto vaga, por isso sei que as pessoas a interpretarão de muitas formas diferentes. Deixe-me explicar sobre o que estou falando. Recentemente, li um livro intitulado *O poder do hábito*,[3] de Charles Duhigg. (Sim, os pastores leem outros livros além da Bíblia.) Nesse livro, Duhigg fala sobre um tópico ao qual ele dá o nome de *hábitos mestres*. São hábitos que, tão logo começamos a pôr em prática, criam um impulso que desencadeia uma série de outros hábitos bons. Infelizmente, esses mesmos hábitos mestres — se não forem praticados — podem criar um impulso que desencadeará hábitos negativos. Tive a oportunidade de falar várias vezes a respeito desse tópico em eventos e congressos sobre liderança, portanto peguei esse princípio e resumi-o neste pequeno conselho: "Nunca deixe de usar fio dental".

PRESO POR CAUSA DO FIO DENTAL

Sei em que você está pensando, mas não, o seu dentista não me ligou para pedir que eu dissesse isso a você. Na verdade, é muito mais simples. Você precisa descobrir qual é seu hábito mestre — aquele que, se você abandonar, será o catalisador que

[3] Rio de Janeiro: Objetiva, 2012.

ATÉ QUE A MORTE NOS SEPARE

o levará a abandonar os outros maus hábitos. Para mim, usar o fio dental é a primeira disciplina. Se eu parar de usar fio dental, o inevitável acontecerá: vou parar de fazer exercícios físicos. E, quando eu parar de me exercitar, inevitavelmente acabarei comendo alimentos prejudiciais à saúde.

Usar fio dental, fazer exercícios físicos e vigiar o que ponho na boca são realmente boas disciplinas que pus em prática ao longo do tempo. E por um motivo que não sei explicar, eles parecem acumular-se uns sobre os outros, como blocos de uma pirâmide. Se eu deixar que um desses hábitos desmorone, haverá uma reação em cadeia. Todos começarão a cair como peças de dominó, um após o outro.

Quando, porém, eu uso fio dental, não deixo de me exercitar. E, quando me exercito regularmente e vejo um alimento tentador, penso: "Não vou comer isto aqui. Investi muito esforço nos meus exercícios e não quero prejudicá-los com este alimento nocivo à saúde. Não vale a pena desperdiçar todo aquele esforço".

Quando uso fio dental, eu me exercito. Quando me exercito, eu me alimento melhor. Quando me exercito e me alimento melhor, eu durmo melhor. Quando durmo melhor, mesmo que tenha de sair da cama mais cedo, sinto-me renovado. Quando saio da cama mais cedo e me sinto bem, concentro-me melhor e sou mais produtivo durante o dia. Quando sinto que estou realizando a obra para a qual Deus me chamou, sinto-me feliz e satisfeito. E, quando vou para casa no fim do dia, sinto que não deixei nada por fazer, portanto o meu trabalho não perturba a minha mente.

Sem o trabalho perturbando a minha mente, sinto-me livre para dar atenção a Amy e a nossos filhos. Conforme mencionei antes, temos seis filhos, por isso preciso estar sempre presente para que eles vejam que o papai está por perto. Quando as

Busque a Deus

meninas conversam comigo e me abraçam querendo receber um sorriso e palavras de afirmação, todos ficam felizes. E, quando os meninos lutam comigo, brincam de fazer cócegas e dão socos de brincadeirinha, todos ficam felizes. E, quando sou bom pai para os nossos filhos, Amy se sente realmente feliz comigo. E quando Amy se sente feliz comigo... bom, digamos que vale a pena usar fio dental todos os dias!

Por outro lado, se eu não uso fio dental, inevitavelmente não faço exercícios físicos. Quando não me exercito, e há sempre sobras de bolinhos ou doces no escritório, eu penso: *Não me exercitei hoje e fugi da rotina. Então vou escolher este dia para fazer o que eu quiser.* E esvazio a caixa. À noite, naquele mesmo dia, sinto-me inquieto e não durmo bem porque não me exercitei, e a minha energia continua oscilante em razão da taxa alta de açúcar ingerido.

Quando chego ao trabalho no dia seguinte, alguém menciona: "Você está com olheiras. Engordou um pouco?". Decepciono-me comigo mesmo, e a minha decepção evolui até transformar-se em raiva. A raiva me faz dirigir o carro em alta velocidade quando volto para casa. Quando o policial ordena que eu pare no acostamento, tento fugir. Sou perseguido por helicópteros, e a cena é exibida na televisão, portanto a cidade inteira sabe o que aconteceu. É claro que a polícia me alcança e me prende por ter fugido e resistido à prisão. Agora estou escrevendo esta história em uma cela na prisão. E por quê?

Tudo porque não usei o fio dental!

Nunca... deixe... de usar o fio dental.

FAÇA UMA PEQUENA ORAÇÃO

É claro que estou exagerando (um pouco), mas o objetivo é provar uma questão importante. Alguns hábitos criam um

ATÉ QUE A MORTE NOS SEPARE

impulso na sua vida. Aqueles mesmos hábitos, se forem abandonados, criam um impulso negativo. Mas creio que existe um hábito mestre que, se for praticado com persistência, ajudará você a buscar a Deus diligentemente. E melhor ainda, é simples! Se você fizer isso todos os dias, garanto que a sua vida será mudada: buscar a Deus juntos em oração.

Se você é uma esposa cristã que está lendo este livro, imagino que deve ter ficado feliz com as minhas palavras. "Que ótimo! Agora ele vai *ter* de orar comigo!". Mas, se você é o marido que está lendo o livro e não tem orado com a sua esposa, deve estar resmungando por dentro: "Não me importo em orar, só que não gosto de orar com *outras pessoas*. Nem com ela. Nunca sei o que dizer. Acho um pouco... estranho".

Prometo que falarei sobre isso daqui a pouco. No entanto, antes disso quero dirigir-me novamente aos solteiros que pretendem se casar um dia. Se você nunca orou com outra pessoa, preciso advertir: orar junto com alguém é uma situação extremamente íntima. Quando você segura as mãos da outra pessoa, principalmente de alguém por quem se sente atraído, e ambos oram juntos, pedindo que Deus aja em favor de vocês, não sou capaz de descrever até que ponto essa experiência será familiar, íntima e de união entre os dois. Se você já assumiu compromisso com uma pessoa, tem intenções sérias e pretende sinceramente se casar com ela, é importante que vocês orem juntos, mas acho que é igualmente importante que vocês estabeleçam algumas regras e limites.

O que estou dizendo aqui não se encontra na Bíblia; trata-se apenas de um conselho realista. Não orem juntos em ambientes íntimos onde "coisas" possam acontecer. (Você sabe do que estou falando.) Orem em lugares onde outras pessoas os possam ver ou perto de amigos. Ou orem juntos pelo telefone. Ou orem

Busque a Deus

juntos em um parque ou outro lugar aberto. Ou orem juntos em um restaurante, no qual existe uma mesa grande separando vocês dois. Não orem juntos e a sós no sofá. E, seja lá como for, pelo amor de Deus, mantenham-se na vertical! Nunca orem juntos na cama. Não tentem orar na horizontal! Se fizerem isso, estarão *procurando* encrenca e impureza, e você *sabe* disso. Confie em mim. Orem juntos da forma mais pura e imaculada possível, como você quer que o seu casamento seja.

Agora, se vocês forem casados, é claro que poderão orar juntos na cama. (Aliás, eu recomendo essa prática.) Faz bem ao casamento. Se tiverem comunhão com Deus juntos, será natural que também queiram fazer outras "coisas" juntos.

Por que orar com o cônjuge é tão importante? Bom, 2Crônicas 7.14 diz: "se o meu povo, que se chama pelo meu nome, se humilhar e orar, buscar a minha face e se afastar dos seus maus caminhos, dos céus o ouvirei, perdoarei o seu pecado e curarei a sua terra". Isso é muito importante, principalmente se você já enfrentou problemas no casamento. Se vocês se humilharem, orarem e buscarem a face de Deus, creio sinceramente que ele os ouvirá do céu e curará o seu casamento.

COMECE NO PONTO EM QUE VOCÊ ESTÁ

Todas as vezes que faço palestras sobre a oração, ou quando converso casualmente com alguém sobre o assunto, sempre ouço estas palavras:

"Não sei como fazer! ".

"Nunca sei o que dizer".

"Parece muito esquisito, muito artificial".

Eu entendo o que você quer dizer. Mas sabe de uma coisa? Essas dúvidas estão presentes em todas as coisas que você

ATÉ QUE A MORTE NOS SEPARE

nunca fez. Jogar beisebol. Dirigir um carro. Começar a trabalhar em um novo emprego.

Tenho quatro filhas e lembro-me de como era difícil pentear o cabelo delas e prendê-lo em forma de rabo de cavalo. Todas as vezes que eu tentava, o rabo de cavalo ficava torto, frouxo ou algumas mechas rebeldes escapavam no último minuto. Até hoje me espanto ao ver uma delas prender o elástico entre os lábios, levantar o cabelo com as duas mãos, ajeitá-lo duas ou três vezes com uma das mãos e, depois, com a outra — *com uma só mão* — fazer um rabo de cavalo perfeito. Todas as vezes!

O mais difícil é começar.

Sinceramente, não sei como os casais que não seguem a Cristo conseguem viver juntos. Não sei como duas pessoas conseguem fazer isso sem buscar a Deus.

Creio, de todo o coração, que a nossa incapacidade de orar junto com o cônjuge é uma armadilha preparada pelo nosso inimigo, Satanás. Seu maior prazer é que nenhum de nós busque a Deus — nem sozinhos, muito menos com o nosso cônjuge. Qual é a melhor maneira de roubar de nós o casamento, matar o amor que sentimos um pelo outro e, nesse meio-tempo, destruir a nossa família?

Escolha um lugar e comece. Por exemplo, na próxima vez em que vocês se sentarem para fazer uma refeição, diga: "Ei, acho que devemos orar antes de comer". Agradeça a Deus pelo alimento e peça-lhe que o ajude a conhecê-lo melhor. "Amém!" Comece e termine! Ou, antes de vocês tomarem caminhos diferentes de manhã, siga esta sugestão de Amy. Segure a mão do seu cônjuge e diga: "Senhor, abençoa o meu marido [a minha esposa] hoje. Aproxima-nos mais de ti e um do outro". Não importa por onde começar. O importante é *começar*.

Busque a Deus

Pelo fato de muitas pessoas se atrapalharem e se sentirem constrangidas durante a oração, faça uma lista daquilo que você deseja conversar com Deus. Guarde-a com você. Todas as vezes que você se lembrar de mais um item, acrescente-o à lista. Sugestões: os seus filhos (atuais ou futuros), decisões que precisam ser tomadas, finanças, outras pessoas pelas quais você queira orar (enfermidade, problemas familiares, situação no emprego e assim por diante). Se dispuser de alguns minutos, enquanto espera a chegada do metrô ou no carro aguardando os seus filhos saírem da escola, pegue a lista e converse com Deus sobre dois ou três itens. Conte a ele suas preocupações a respeito de cada questão e pergunte-lhe se existe algo que você possa fazer. Peça-lhe que intervenha de alguma forma.

Se pensar em alguma coisa sobre a qual gostaria que alguém orasse por você, a ideia é esta: *peça*. Não deixe a pessoa constrangida nem exerça pressão sobre ela. Peça apenas que ela envie a você uma rápida oração por SMS ou *e-mail* quando ela tiver um tempo disponível. Simples assim. (É claro que, se você for casado, essa pessoa deve ser o seu cônjuge.)

E, se você for casado, quando tiver um tempo junto com seu cônjuge e a sós antes de dormir, depois que as crianças estiverem na cama, ou de manhã, quando estiverem se aprontando para sair, pegue a sua lista e ore com o seu cônjuge sobre alguns itens. Essa lista será muito útil para vocês vencerem aqueles silêncios constrangedores que conspiram para sufocar o seu novo hábito de orar.

Com um pouco de prática e num piscar de olhos, você dominará a arte das orações de encorajamento. Não sei dizer quantas vezes recebi, de repente, um SMS de Amy mais ou menos assim: "Orando p/ que Deus lhe dê paz hj! Amo vc!".

ATÉ QUE A MORTE NOS SEPARE

Você ficaria boquiaberto se soubesse quanta intimidade espiritual esses pequenos gestos reforçam entre nós. Aliás, em razão disso, estou convencido de que orar junto com o cônjuge é um hábito mestre.

Acompanhe a minha lógica: Quando vocês oram juntos regularmente, têm mais probabilidade de ir à igreja juntos. Se vão à igreja juntos regularmente, é bem provável que passem a participar juntos de uma atividade na igreja. Quando servem juntos, conhecem mais pessoas na igreja que pensam como vocês. Quando conhecem mais pessoas na igreja, é quase certo que passarão um tempo junto com elas fora da igreja. Significa que, provavelmente, vocês acabarão orando por elas, e elas, por vocês.

E, quando você ora pelas outras pessoas, e elas oram por você, na próxima vez que alguém der uma "fechada" em você no trânsito, sua reação mais provável será a de rir. (Você talvez até perdoe o motorista e ore por *ele*!) Estou querendo dizer que, tão logo você começar a desenvolver um hábito mestre positivo de orar com o seu cônjuge, essa rotina criará um impulso espiritual positivo que renderá enormes dividendos para fortalecer o seu casamento e outros relacionamentos.

DESTA ORAÇÃO EM DIANTE

Já mencionei todos os tipos de motivos para você fazer isso. Há ainda outro benefício: quando você busca a Deus com o seu cônjuge — e principalmente quando vocês veem as respostas a essas orações —, a fé que os dois têm no Senhor aumenta. Mas, se todas essas coisas "espirituais" ainda não o convenceram, que tal conhecer alguns motivos práticos?

É muito difícil brigar com uma pessoa com quem você ora todos os dias. É praticamente impossível entrar naquele clima

Busque a Deus

de: "Você é um idiota! É uma pessoa insuportável! Só pensa em si mesmo!", quando poucas horas antes vocês estavam orando juntos por um amigo cujo filho contraiu câncer. Quando você busca ter uma intimidade constante e espiritual, perde o interesse de clicar naquela propaganda pornográfica na internet ou de iniciar um "caso amoroso" com uma colega de trabalho que se insinua para você. As coisas mudam. *Você muda.* Você começa a querer conhecer quem é Deus realmente e como ele é. Começa a servir-lhe com a sua vida. E, quando aparecerem aquelas armadilhas que atraem tantos casamentos (ah, digamos mais ou menos 50%), você as identifica imediatamente e se afasta delas.

Finalmente, a última coisa: imagine como é difícil divorciar-se de uma pessoa com a qual você busca a Deus sinceramente. E quais são as chances de ouvir a voz de Deus dizer: "Ah, tudo bem, vocês devem se separar"? Nenhuma.

Se tudo o que mencionei foi demais para você, acho que entendo. Você pode correr o risco. As chances são de pelo menos 50% contra você. E, mesmo que sejam a seu favor, é bem provável que você decida "continuar casado por causa dos filhos", tendo de enfrentar uma dificuldade atrás da outra durante a vida inteira. Se é essa a vida que você deseja, é claro que o problema é seu. Que você tenha força!

Eu? Eu não gosto dessas possibilidades. Prefiro ser um louco espiritual. Prefiro que as pessoas pensem que a minha família é boboca e esquisita. Podem pensar o que quiserem. E, nesse meio-tempo, teremos uma vida familiar e um casamento íntimo, produtivo e apaixonado. Amy e eu pensamos da mesma forma. Juntos, queremos clamar genuinamente ao nosso Deus: "Ajuda-nos, Senhor! Por favor, ajuda-nos! Queremos que estejas

ATÉ QUE A MORTE NOS SEPARE

presente em cada dia da nossa vida. Queremos conversar contigo juntos — todos os dias, o dia inteiro".

Alguns anos atrás, uma organização chamada Family Life pesquisou milhares de casais cristãos. Lamentavelmente, descobriram que menos de 8% dos casais cristãos afirmaram orar juntos todos os dias. Felizmente, a pesquisa também apresentou um lado bom: dos 8% de casais que oravam juntos, menos de 1% se divorciou.

Veja o que isso significa para você: vá em frente e seja igual aos outros se quiser. Faça o que todo mundo faz. Não ore com o seu cônjuge. E as suas chances de se sair bem serão meio a meio. Ou aja de modo diferente. Seja como aqueles 8%. Ore com o seu cônjuge regularmente. E aumente suas chances de conseguir chegar a 99%.

A escolha é sua.

Mateus 6.33 diz: "Busquem, pois, em primeiro lugar o Reino de Deus e a sua justiça, e todas essas coisas serão acrescentadas a vocês".

Devemos buscar a Deus em primeiro lugar. "Ajuda-nos, Senhor! ". Talvez você não esteja fazendo isso. Mas poderá começar hoje e seguir "até que a morte nos separe".

Isso significa que devemos ser pessoas de oração. Talvez você pense que não sabe orar. Não importa. Comece hoje e persista "até que a morte nos separe".

Devemos centralizar todos os nossos relacionamentos em torno de Deus, buscando-o em oração e em sua Palavra. Talvez o relacionamento com o seu cônjuge esteja estremecido. Talvez vocês não gostem um do outro neste momento. A parte mais difícil é sempre começar. Deixe as desculpas de lado. Comece a apresentar-se diante de Deus hoje e persista "até que a morte nos separe".

E eu o desafio a orar. Agora. Ore por você e pelo seu cônjuge. Ore em voz alta, se preferir. Não existe nenhuma mágica nas palavras deste exemplo de oração, mas pensei que elas poderiam ajudar você a começar. Acrescente palavras suas, se achar necessário. Mas ore.

Pai, eu te agradeço porque me amas. Dou graças porque me escolheste para ser teu filho. Ajuda-me a amar-te de todo o meu coração, de toda a minha alma, de todas as minhas forças e de todo o meu entendimento. Mostra-me, eu te peço, como colocar-te em primeiro lugar na minha vida. Eu te buscarei primeiro. Ajuda-me a começar e a manter o hábito de buscar-te. Lembra-me de apresentar-me diante de ti muitas e muitas vezes, todos os dias.

Pai, agradeço pela pessoa que ocupa o segundo lugar na minha vida. Aproxima-nos cada vez mais de ti, e cada vez mais um do outro. Muda o meu coração e a minha mente. Transforma-me na pessoa que queres que eu seja. Faz de mim o melhor cônjuge que o meu cônjuge possa ter. Todas as vezes que eu vir um "cisco" no olho do meu cônjuge, ajuda-me a ver imediatamente a "viga" no meu. Dá-me humildade para orar, para buscar a tua face e para afastar-me dos pecados. Ouve-me, perdoa-me e cura os meus relacionamentos.

Graças te dou porque me amas. Graças te dou porque me curas. E graças te dou porque me capacitas a viver de forma que te glorifique. Em nome de Jesus. Amém.

Você sabe o que precisa fazer a seguir. Começar é a parte mais difícil. Portanto, vença a parte mais difícil: comece. Depois siga sempre junto com o seu cônjuge todos os dias, até que a morte os separe.

ATÉ QUE A MORTE NOS SEPARE

♥ A OPINIÃO DE AMY ♥

Quando eu (Craig) falo sobre relacionamentos na nossa igreja, é importante que eu sempre inclua Amy e pergunte a ela quais são seus pensamentos e sentimentos. Quero que todo conselho que eu oferecer sobre relacionamentos inclua o ponto de vista de uma mulher. Quando eu estava preparando este livro, pedi a opinião de Amy. Queria ouvir da sua boca por que é tão importante que os casais conheçam cada uma destas cinco decisões — buscar a Deus, brigar civilizadamente, divertir-se, manter-se puro e nunca desistir. Amy disse o seguinte a respeito de os casais orarem juntos:

Você conhece o velho ditado: "A variedade é o tempero da vida"? Bom, ele se aplica à oração e a tudo na vida. Embora seja importante que os casais orem juntos regularmente, com o tempo eles poderão ser tentados a pensar que caíram em uma rotina, que se trata de uma tarefa a mais a ser cumprida durante o dia. Quando Craig e eu namorávamos, e até pouco depois do nosso casamento, estabelecemos o horário das refeições como oportunidades de orarmos juntos. Orávamos não apenas pelo alimento, mas também por tudo o que queríamos conversar com Deus. Normalmente, aquelas orações duravam 10 minutos ou mais! A comida esfriava, mas o nosso coração se aquecia mais e mais.

À medida que a nossa vida mudava com o passar dos anos — Craig começou a estudar no seminário, começamos a ter filhos, começamos a frequentar a igreja e assim por diante —, é claro que nos tornamos cada vez mais atarefados. As longas orações antes das refeições tornaram-se impraticáveis. Decidimos, então, nos adaptar à nova situação e encontrar outros horários. Percebemos que o importante para nós é não abrir mão

Busque a Deus

de sempre pedir a direção de Deus para tudo o que se passa na nossa vida e confiar nele.

Hoje, Craig e eu oramos juntos quase todos os dias e de maneiras variadas. Felizmente, esse método mantém as nossas orações atualizadas e autênticas, sem "vãs repetições", conforme diz a Bíblia. Todas as vezes que surgem situações nas quais precisamos orar juntos, tentamos dar um jeito para que as palavras da oração sejam as mais próximas possíveis daquele momento. Com a tecnologia moderna, temos várias formas de comunicação que não existiam antes. Craig está cuidando dos trabalhos da igreja durante o dia, e eu estou atarefada com a nossa família e outros compromissos. Mas sei que sempre posso enviar um SMS ou um *e-mail* a ele: "Você poderia orar comigo sobre...?". Ele ora imediatamente ou me liga quando tem alguns minutos disponíveis, e oramos juntos por telefone.

O mesmo se aplica a Craig, claro. Ele também pede que eu ore sobre vários assuntos específicos o tempo todo: orientação para uma decisão importante; proteção antes de uma reunião ou quando ele está se sentindo cansado ou enjoado de alguma coisa. Essa conexão constante alimenta o nosso relacionamento e o amor um pelo outro, mas, acima de tudo, mantém a nossa vida centrada na nossa confiança mútua em Deus, e no nosso amor por ele.

Sabe qual é a parte mais difícil de aprender a orar com o seu cônjuge? Começar. Sério! Você precisa decidir confiar o seu casamento a Deus; comece a conversar com ele como o seu Pai. Diga-lhe como você se sente, do que necessita e o que deseja. Expresse a sua gratidão ao Senhor por tudo o que ele já fez e treine a sua mente a confiar continuamente nele e a amá-lo. A maioria de nós torna a oração mais complicada do que precisa ser. Deus nunca quis que a oração nos intimidasse. Ele nos ama tanto que nos adotou como filhos, por livre escolha. Orar é simplesmente manter uma conversa com o Pai que nos ama, bater um papo com ele sobre tudo o que consideramos importante para nós.

Torne a oração simples. As suas palavras devem ser naturais e sinceras. O casal pode ficar de mãos dadas antes de sair para o trabalho e dizer algumas palavras como estas: "Pai, agradecemos por este novo dia que o Senhor nos deu. Pedimos a sua direção em cada oportunidade nas quais o Senhor deseja nos envolver hoje". Só isso! Não é necessário tornar a oração requintada, usando "tu" e "vós" ou até "améns".

Agora, se você deseja orar com o seu cônjuge sobre um assunto específico, deve organizar os seus pensamentos, escrevendo-os antes. Esses pedidos feitos em dupla por meio de orações escritas podem realmente aprofundar o seu relacionamento.

Para mim, orar com Craig é um pouco diferente dos hábitos que ele já mencionou, como, digamos, usar o fio dental, porque isso é algo que provavelmente fazemos apenas uma ou duas vezes por dia. Para nós, orar assemelha-se mais a respirar, como se fossem ímpetos curtos e constantes sempre que a inspiração ou a necessidade se aproxima de nós. A oração com o cônjuge deve ser da mesma maneira. Todas as vezes que surge um problema que tenha ligação com Craig, incluo o meu marido automaticamente. Gastando apenas alguns minutos (ou segundos) espalhados ao longo do dia, mantemos uma linha aberta de comunicação um com o outro e com Deus.

Você *pode* fazer isso. Não torne a oração com o seu cônjuge mais complicada do que ela deve ser, e não deixe para depois. O que você tem a perder se começar hoje? E, mais importante ainda, pense em tudo o que você tem a ganhar.

CAPÍTULO 2

Brigue civilizadamente

Casamento feliz é a união de duas pessoas bondosas que sabem perdoar.

RUTH BELL GRAHAM

QUANDO AMY E EU ÉRAMOS RECÉM-CASADOS, logo nos vimos frente a frente com um dos aspectos mais fundamentais e sagrados de todo relacionamento piedoso: panquecas. Sim, você leu corretamente. Panquecas. Aquele pequeno conflito inicial se transformou em uma das muitas batalhas épicas na mais longa guerra de vontades registrada nos livros de histórias conjugais da família Groeschel. Quando eu explicar o que aconteceu, creio que você entenderá por que aquela não foi apenas uma guerra qualquer sobre panquecas.

A triste realidade é que a minha linda esposa — apesar de ser perfeita em quase tudo e não ter culpa de nada — foi criada em um lar no qual a panqueca era um problema muito sério. A família dela nunca aprendeu a fazer panquecas corretamente. Se você foi criado em um ambiente agradável, por pais abençoados com o dom de saber fazer panquecas, entende bem o que

ATÉ QUE A MORTE NOS SEPARE

eu digo. É necessário fazer uma massa relativamente fina, aquecer a frigideira e colocar a manteiga para derreter em fogo alto. Em seguida, você derrama a quantidade exata de massa para uma panqueca, de mais ou menos 10 centímetros de diâmetro. Todas devem ter o mesmo tamanho e formar círculos quase perfeitos.

Depois de esperar, claro, que a frigideira com a manteiga alcance a temperatura apropriada, a panqueca começa a formar bolhas rapidamente. Você precisa aguardar apenas alguns segundos e, quando o Espírito Santo avisar, você vira a panqueca no momento preciso. Repete a operação para fazer as outras panquecas e coloca-as todas em um prato, formando uma pilha, sem se esquecer de passar um pouco de manteiga (uniformemente, claro) entre uma panqueca e outra enquanto elas estiverem quentes, sem que se possa tocá-las. Em seguida, você derrama a sua calda preferida por cima da pilha. (Se você quiser ver como as panquecas *devem ficar*, é fácil encontrar ilustrações na internet. Mas, como sempre, tome cuidado para não queimar as panquecas.) Finalmente, você come as delícias enquanto elas ainda estão quentes, apreciando uma amostra deliciosa daquilo que será servido todas as manhãs no céu. Foi assim que Deus planejou que as panquecas fossem feitas.

Certa manhã, logo depois que nos casamos, Amy — que Deus ama muito — bateu uma massa grudenta e esquisita feita com grãos de trigo, colocou a frigideira em fogo baixo e despejou um pouco da gororoba dentro. Sem manteiga, sem deixar formar bolhas, sem nada. Não sei como a minha esposa conseguiu virar aquela massa (ela dá a isso o nome de "panqueca"), mas parecia grossa demais na minha humilde opinião.

Em seguida, ela fez outras iguais e jogou-as em um prato, despejou uma espécie de líquido ralo sobre elas, dizendo que

Brigue civilizadamente

elas eram "saudáveis" e tentou colocá-las diante de mim. Veja bem, em circunstâncias normais, sou totalmente favorável a alimentos saudáveis, mas panquecas não se enquadram na categoria de circunstâncias "normais". Faça panquecas do modo correto, ou então não faça!

Quando Amy voltou a derramar mais uma parte da massa na frigideira morna, empurrei o meu prato. Ela se virou rapidamente para mim, levantou uma sobrancelha e franziu a testa.

— O que foi? — ela perguntou.

— Não é assim que se faz panquecas! — avisei.

Ela me olhou um pouco surpresa. — Hummm... é assim mesmo.

— Não, não é! — insisti.

A cor de seu rosto demonstrou claramente sua frustração comigo, mas, para ter certeza de que eu entendera a mensagem, ela complementou: — É. Assim. Mesmo.

Aproximei-me da minha linda esposa e estendi a mão para pegar a espátula. — Veja. Vou mostrar a você como se faz.

Ela mexeu o corpo e virou o ombro na minha direção como se fosse um jogador da linha de defesa da liga de futebol americano, impedindo-me de pegar a espátula. — Não! Eu não vou sair do lugar!

— Ouça, Amy — eu disse —, isso é muito importante para mim. — E dei um passo à frente.

Ela me empurrou com o ombro em direção a meu peito, forçando-me a recuar, e disse asperamente: — De jeito nenhum! Isso é muito importante para *mim*!

Ora, é claro que passei a ser um homem muito mais piedoso desde então, mas naquele momento disse algumas palavras que não foram nem um pouco santas e dei um passo em sua direção.

ATÉ QUE A MORTE NOS SEPARE

Dessa vez, ela me apontou a espátula como se fosse uma arma, arremessou a gororoba letal em mim e gritou: — Saia já da minha cozinha!

E eu, achando-me adulto suficiente e um verdadeiro gênio, retruquei aos gritos: — Não, saia você da minha *casa*! E foi então que começamos a aprender a brigar civilizadamente.

CONSERTANDO A GOTEIRA

Ora, como um episódio tão insignificante foi capaz de provocar uma briga tão idiota? Só que isso acontece com todos nós o tempo todo. Aposto que você também brigou por algum motivo tolo recentemente. E, se não brigou por alguma bobagem, preste atenção — ainda terá tempo de fazê-lo antes de dormir esta noite!

A Bíblia deixa claro que os casais se desentenderão. Provérbios 27.15 diz: "A esposa briguenta é como o gotejar constante num dia chuvoso". No texto, a palavra "briguenta" significa propensa a discussões, belicosa, rixosa, irascível, mal-humorada ou irritadiça. Talvez você possa chamar a sua esposa de rabugenta, manipuladora ou crítica. As reclamações constantes dela são como um *pingue, pingue, pingue, pingue, pingue, pingue, pingue, pingue, pingue* na sua alma.

Talvez você não saiba, mas há outro versículo, muito menos citado, a respeito de maridos briguentos: "É melhor sofrer de graves hemorroidas que viver com um marido que dá coices" (2Craig 4.2, *Nova Edição Revisada para Mulheres*). Se você nunca ouviu esse versículo, é porque ele não está na Bíblia; eu o inventei. Mas deveria estar! Com certeza há muitos versículos dirigidos aos maridos.

Brigue civilizadamente

A realidade é esta: todos os casais brigam. Por quê? Bom, respondendo resumidamente, porque todos nós somos pecadores, e essa nossa condição nos leva a agir de forma egoísta. É inevitável, fatal e inerente em todo relacionamento no qual existe intimidade. Todos os casais brigam, mas os casais sensatos brigam civilizadamente. Os casais insensatos brigam usando palavras grosseiras, golpes baixos, socos inesperados, acusações cheias de ira e rancor. Os casais sensatos brigam para solucionar um problema. Os casais insensatos brigam por vitória pessoal.

O dr. John Gottman, pesquisador e especialista em casamentos, publicou um estudo fascinante sobre como os casais brigam, extraído de dados compilados por ele durante dezesseis anos. O dr. Gottman afirmou que, depois de observar a discussão entre um casal por apenas cinco minutos, é possível saber com 99% de certeza se ambos continuarão juntos ou se divorciarão. Sua pesquisa apresenta um argumento convincente de que o sucesso no relacionamento não se baseia em saber *se* vocês brigam (porque todos os casais brigam), mas em saber *como* vocês brigam. Os casais sensatos brigam respeitando um ao outro; ambos se esforçam para encontrar uma solução satisfatória para os dois.

Se você assumiu o compromisso de seguir a Cristo, precisa brigar civilizadamente em todos os seus relacionamentos. Tiago diz: "Sejam todos prontos para ouvir, tardios para falar e tardios para irar-se, pois a ira do homem não produz a justiça de Deus" (1.19,20). Essa inspiração do Espírito de Deus oferece-nos três sugestões simples sobre como brigar civilizadamente, sem grosserias.

1. Prontos para ouvir

Quando a briga está fermentando, temos a tendência de permitir que o conflito aumente com rapidez. Não é fácil, mas tome a

ATÉ QUE A MORTE NOS SEPARE

iniciativa: faça a sua parte para tentar acalmar a situação. Quando sentir vontade de rebater o que o seu cônjuge disse — e isso acontecerá —, aplique todos os seus esforços a ser "pronto para ouvir".

Assim que você perceber que o seu cônjuge está aborrecido, concentre-se com firmeza no que ele diz. Não faça caso do tom de voz (ou do volume), se conseguir, e tente apenas ouvir as palavras dele.

Sinceramente, esse é um verdadeiro desafio para mim. Tendo a querer girar vários pratos ao mesmo tempo no alto de uma vareta, portanto tenho dificuldade em me concentrar em uma coisa por vez. Certo dia, enquanto eu enviava um SMS a um pastor a respeito da nossa equipe, Amy chegou e disse:

— Preciso conversar com você sobre um assunto importante.

Craig, pensei, *você precisa deixar o telefone de lado e ouvir o que ela tem a dizer.* Mas o sujeito arrogante dentro de mim rebateu imediatamente. *Bobagem, cara. Você pode fazer as duas coisas ao mesmo tempo!*

Infelizmente só aprendo com os meus erros depois de cometê-los várias vezes; por isso, mesmo depois que Amy começou a me contar alguns detalhes — coisas importantes que eu precisava saber —, continuei a digitar a mensagem.

Depois de alguns minutos, ela parou e perguntou: — Querido, você está pelo menos ouvindo o que estou dizendo?

Sem levantar a cabeça, respondi: — Hã-hã. Claro.

Ela continuou a falar um pouco mais e parou novamente.

— Você está ouvindo *mesmo*?

Continuei a digitar. — Sim. Já disse que estou, amor.

Mais uma vez, ela continuou e finalmente disse: — Agora preciso da sua opinião. É claro que temos de tomar algumas decisões sobre este assunto.

Brigue civilizadamente

Terminei o texto e levantei a cabeça. — Sim, tudo bem. Mas o que você queria dizer exatamente? Em que partes você necessita da minha decisão?

Em seguida, fiz outra pergunta a ela, uma pergunta que não precisaria fazer se estivesse prestando atenção nas suas palavras. Amy me olhou de modo feroz. — Você *deve* estar brincando. Ou está falando sério? Só ouviu *metade* do que eu disse. Não me deu atenção o tempo todo. Não tenho nenhum valor para você!

E ela estava certa. Independentemente dos meus sentimentos em relação a Amy, as minhas ações demonstraram claramente o lugar em que eu a estava pondo naquele momento na minha lista de prioridades. Felizmente para mim, Deus é bom, tanto que alguns minutos depois ele me ajudou a sair daquela encrenca. Fui conversar com *ela* sobre um assunto qualquer, e dessa vez *ela* estava digitando um SMS. Perguntei se poderíamos conversar por um minuto e, sem levantar a cabeça, ela disse: — Hã-hã.

Comecei a falar sobre o que precisava ser dito, mas sabia que ela estava com a mente em outro lugar. Perguntei: — Você está ouvindo?

— Hã-hã.

Esperei alguns segundos e percebi que ela estava completamente absorta, digitando o texto, portanto prossegui:

— Conforme eu estava dizendo, quando saí para ver onde as crianças estavam, um gigante de garras enormes e que come gatos saiu do meio do mato. Todos nós começamos a correr, mas Joy não foi tão rápida, e o monstro a pegou. Sinto muito, querida. A culpa foi minha.

— Ah, tudo bem — ela disse, sem olhar para mim.

— Você só ouviu *metade* do que eu disse! Não prestou atenção em mim.

Ela parou e olhou para mim. — Eu sei! Sinto muito. — Em seguida, voltou a olhar para o celular, deu um sorriso maroto e disse: — Miau!

Devemos ser prontos para ouvir. Há muito que dizer para o bem da simplicidade. É claro que você precisa dar atenção ao seu cônjuge o tempo todo. Mas precisa fazer isso principalmente quando perceber que pode surgir um conflito; esse deve ser um aviso para que você pare e se concentre, a fim de prestar atenção no que a outra pessoa está dizendo.

2. Tardios para falar

Precisamos ser prontos para ouvir, mas, antes de abrir a boca para responder, precisamos também pisar no freio. Em geral, os casais que brigam de modo grosseiro, em vez de brigar civilizadamente, fazem exatamente o oposto. São tardios para ouvir e rápidos para falar. Você já deve ter ouvido este antigo ditado: "Quem fala muito ouve pouco". Provérbios 18.2 diz algo semelhante: "O tolo não tem prazer no entendimento, mas sim em expor os seus pensamentos". Em outras palavras, o tolo diz: "Ei, não estou interessado no que *você está dizendo*. Quero dizer a você aquilo em que *eu estou pensando*".

Isso acontece com muitos de nós durante as discussões. Temos uma ideia importante, um pensamento que, para nós, é crucial que a outra pessoa entenda. E quase sempre, assim que passamos a focar nisso, paramos de ouvir, esperando que a pessoa faça uma mínima pausa para podermos interrompê-la. Quando paramos de ouvir, não entendemos a opinião da outra pessoa. Queremos ser ouvidos, impor o nosso argumento. Queremos "vencer". A Bíblia diz que isso é tolice. E essa não é uma briga civilizada.

Brigue civilizadamente

Qual é a melhor maneira de ser "tardio para falar"? Pare de falar. Ou ponha em prática Provérbios 21.23: "Quem é cuidadoso no que fala evita muito sofrimento". Esse versículo não é excelente? Bem, talvez não deva ser citado ao seu cônjuge no meio de uma briga. É claro que devemos ser moderados e pensar antes de falar, porém essa é a parte mais difícil. No entanto, traz recompensas extraordinárias.

Se você perceber que a briga está prestes a explodir, antes de dizer *qualquer coisa*, controle-se e passe um zíper na boca. Em seguida, faça estas duas perguntas a si mesmo:

a. Devo dizer o que estou pensando?
b. O que estou pensando deve ser dito *neste momento*?

Digamos que vocês estejam de saída para o aeroporto e o seu cônjuge diz: "Ah! Quero lavar estes pratos antes de partir".

Ora, essas palavras o levarão a pensar: *Por que você quer lavar os pratos agora? Vamos chegar atrasados ao aeroporto!*

Ao contrário, pergunte a si mesmo: "Devo dizer o que estou pensando?".

Não há nenhuma necessidade de dizer isso. Vocês vão *mesmo* chegar atrasados? Se trabalharem juntos e lavarem os pratos rapidamente, terão condições de chegar a tempo aonde estão indo? Em caso positivo, pense nos pontos que você ganhará com o seu cônjuge. Senão, pergunte a si mesmo: "O que estou pensando deve ser dito *neste momento*?".

Reflita com muito cuidado no modo pelo qual você poderá expressar carinhosamente o que está querendo dizer, porque, assim que as palavras saírem da sua boca, será impossível recolhê-las. Evite a tentação de dizer algo mais ou menos assim:

ATÉ QUE A MORTE NOS SEPARE

"Por que você quer lavar os pratos? Está com medo de que um assaltante arrombe nossa casa enquanto estivermos ausentes e veja os pratos sujos?". E, por favor, não diga estas palavras: "Você deve ter algum trauma...". (Não estou dizendo que nunca fiz isso. Acho que uma só vez. Mas aprendi a lição, e nunca mais repetirei o erro.)

Mesmo que os seus motivos sejam legítimos, o auge de uma discussão não é absolutamente o momento certo para mencionar assuntos que vocês poderiam esforçar-se para resolver juntos. Ao contrário, mantenha o foco no motivo da discussão. Continue sereno, não desvie a atenção para outras coisas e esforce-se para resolver aquela única e simples questão.

3. **Tardios para irar-se**

Evidentemente, quando você é pronto para ouvir e tardio para falar, torna-se mais fácil retardar a ira. As emoções já afloraram a partir do momento em que a discussão começou. Os sentimentos são feridos facilmente. No entanto, se você começar a irar-se, tente ver isso como uma grande oportunidade.

É provável que você esteja pensando: *O que ele acabou de dizer?*

Meu comentário: essas emoções estão lhe dizendo exatamente onde está o ponto culminante. Se você conseguir controlar-se o tempo suficiente para perguntar: "Por que esta única coisa está me aborrecendo *tanto*?", ótimo! É como um arco enorme de néon apontando para uma área suave do seu relacionamento, na qual você precisa da intervenção do Espírito Santo. Se você conseguir ver isso como uma bênção, porque realmente se trata de uma bênção, poderá começar a esforçar-se

Brigue civilizadamente

para resolver o problema. E essa bênção trará uma enorme restauração ao seu casamento em longo prazo.

Mesmo que você discorde da outra pessoa, não despreze os sentimentos dela. Isso é tão importante que vou repetir: mesmo que você discorde da outra pessoa, não despreze os sentimentos dela. Digamos que o seu cônjuge lhe comunique algo mais ou menos assim: "Às vezes, quando você..., eu me sinto...".

Talvez você não entenda *por que* fez o seu cônjuge sentir-se daquela maneira, mas os sentimentos dele continuam legítimos. Os sentimentos são verdadeiros. Fazem parte de todos nós. Não tem sentido ficar aborrecido com o seu cônjuge só porque ele tem sentimentos e não pode evitar tê-los, da mesma forma que você não pode. Portanto, se você estiver ouvindo realmente — o que de fato deve fazer —, pare um pouco para reconhecer a legitimidade do que ele lhe disse. Repita as palavras dele para confirmar que você as ouviu e entendeu. Tente dizer mais ou menos isto: "Você me disse que quando eu..., a minha atitude o faz se sentir...".

Você se surpreenderá ao ver como algumas simples palavras têm o poder de impedir a explosão de uma bomba emocional. Não há necessidade de concordar com o seu cônjuge. Você precisa apenas admitir que está ouvindo e *tentando* entender. Esse método promete grande sucesso.

"Quando deixei as minhas meias no chão, dei a entender que não valorizo as suas tarefas domésticas."

"Quando não liguei para avisar que estava atrasado, dei a entender que não me importo com o seu tempo."

Uma das melhores maneiras de você e seu cônjuge serem tardios para irar-se é conversar sempre — e com muita sinceridade — quando não estiverem em conflito. Pelo fato de estar casado

ATÉ QUE A MORTE NOS SEPARE

com a mesma pessoa por mais de duas décadas, posso dizer que esse hábito é incrivelmente significativo. Aliás, esta talvez seja a dica mais importante que posso lhe dar: Invista no seu casamento fora dos momentos de conflito. Amy e eu damos a isso o nome de "*check-up* conjugal", que inclui três medidas simples:

1. *"Descole" um tempo*

Planejem uma noite para vocês dois ficarem a sós depois que todas as crianças já estiverem alimentadas, de banho tomado e na cama, talvez um pouco mais cedo que o normal. Não há necessidade de muito tempo; em uma hora vocês poderão ter uma boa conversa. Quando todas as crianças já estiverem acomodadas na cama com seus brinquedos de pelúcia, depois de terem ouvido uma história, tomado água e orado, separem um tempo para vocês ficarem a sós.

Fechem a porta e desfrutem um pouco de privacidade. A conversa não precisa ser séria demais nem conduzir ao sexo. (Se acontecer, tudo bem!) O objetivo é ouvir o que a outra pessoa tem a dizer e concentrar-se nela sem as distrações costumeiras.

2. *Expresse gratidão pelo seu cônjuge*

Separem alguns minutos para perguntar um ao outro: "Você saberia citar três coisas que eu faço e que o deixam feliz?". Enquanto ambos respondem, você está criando um impulso positivo para esses momentos a sós. Também está dando ao seu cônjuge a oportunidade de dizer o que faz diferença na vida dele. Digo isso porque, às vezes, faço coisas para Amy que, na *minha* opinião, são úteis, quando na verdade ela está necessitando de algo mais.

Por exemplo, certa vez Amy me contou que uma das coisas mais românticas que posso fazer por ela é dar banho nas

Brigue civilizadamente

crianças e colocá-las na cama, para que ela tenha alguns momentos de tranquilidade antes de dormir. Amy adora os nossos filhos e ama cada momento que está com eles, por isso nunca imaginei que ela gostaria tanto de que eu a ajudasse nessa tarefa. Mas agora que sei, *eu* fico feliz por poder ajudá-la.

3. *Ofereça* feedback *prático*

Separem mais alguns minutos e perguntem um ao outro: "Você saberia citar três coisas que eu poderia fazer para deixá-lo mais feliz ainda?". Por ter iniciado a conversa de modo positivo e ter separado um tempo em um ambiente seguro e carinhoso, você poderá tratar desses assuntos que melhorarão o seu casamento. Vocês desejam de todo coração viver juntos e felizes pelo resto da vida. Isso significa que terão de renovar os seus votos de vez em quando. Essa é uma ótima ocasião para extrair informações práticas do seu cônjuge, como: "Bom, para ser sincero, quando você..., isso me deixa...".

Ou então: "Quando você *não*..., isso me deixa...".

O ambiente confortável que você preparou proporcionará informações preciosas a ambos, e da melhor maneira possível. Pelo fato de estar em um lugar agradável, você poderá refletir no que o seu cônjuge disse e pensar em maneiras práticas de demonstrar o seu amor por ele.

O CLUBE DA LUTA

Mesmo que você faça tudo o que sugeri até este ponto, será inevitável: vocês continuarão a brigar de vez em quando. Como eu sei disso? Porque todo mundo briga. Lembre-se: os casais insensatos brigam de modo grosseiro, para vencer; os casais sensatos brigam civilizadamente, procurando resolver o problema.

ATÉ QUE A MORTE NOS SEPARE

Se você já se casou, gostaria de oferecer-lhe algumas ideias básicas que você poderá usar para brigar civilizadamente. E, se você ainda não se casou, está namorando, é noivo ou espera casar-se um dia, o melhor momento para pensar e estabelecer regras para brigar com o cônjuge é antes de precisar delas.

Quando ficamos noivos, Amy e eu investimos um pouco de tempo juntos a fim de definir regras para o nosso relacionamento. Queríamos estabelecer um padrão mais elevado para o nosso casamento, e recorremos à Bíblia em busca de sabedoria. Memorizamos vários versículos e chegamos a um acordo quanto aos valores que desejávamos para a família Groeschel. (As regras são *nossas*, é claro. Reúna-se com o seu cônjuge para definir as suas regras, com base naquilo que é mais importante para vocês dois como casal.)

1. *Nunca diga palavras ofensivas.* A não ser, claro, para dar nomes a um querido animal de estimação, como Capitão Sexy ou Gatinho Fedido. E, se der nomes como esses aos seus animais de estimação, use-os somente com amor. No auge da discussão, não contamine com sarcasmo os apelidos especiais que vocês dão um ao outro.

2. *Nunca levante a voz.* Nada pode resultar de bom quando você age assim. Se você começar a perceber que está levantando a voz, faça uma pausa. Conte até 10, respire fundo várias vezes, cante, diga uma oração (ou conte até 14). Faça o possível, o que estiver ao seu alcance, para se acalmar.

3. *Nunca seja histórico.* Não, não foi um erro de digitação. Eu não quis dizer "histérico". Eu quis dizer: "Você sabe, mesmo há quinze anos, quando estávamos namorando,

Brigue civilizadamente

você..." Não faça isso. O amor não guarda rancor (v. 1Coríntios 13.5). Não existe espaço para *rankings* ou contagem de pontos no seu relacionamento.

4. *Nunca use as palavras "nunca" ou "sempre".* Se você disser: "Você *nunca* guarda as suas meias no lugar!", estará *sempre* exagerando. Se o seu cônjuge guardou as meias no lugar pelo menos uma vez na vida, então, o uso da palavra *nunca* significa que você não está dizendo a verdade. Atenha-se à verdade: "*Notei* que *muitas vezes* você..., e isso me deixa...". Essa declaração é sincera e transmite os seus sentimentos sem um tom acusatório. Ou sem extremos.

5. *Nunca ameace com a palavra "divórcio".* Se vocês se comprometeram sinceramente a "nunca desistir", a ameaça de divórcio é uma tática manipuladora que você está usando só para vencer uma discussão. Ou você está sendo cruel. De qualquer forma, o resultado dessa ameaça não é nada bom, especialmente considerando essa opção termonuclear. Não faça isso.

6. *Nunca cite o nome do seu pastor durante uma briga.* Deixe-nos fora disso. "O pastor Craig disse...!" Não, vocês criaram o problema; a solução cabe a vocês. Os seus problemas são seus, de mais ninguém. Eu nem sequer estava presente quando a briga começou. (Provavelmente estava em casa fazendo panquecas!) Portanto, deixe-me fora disso.

CONTROLE A IRA

Embora você deva ser "tardio para irar-se", isso não significa que não sentirá raiva. Se você pensar nisto, verá que significa exatamente o oposto: você *vai* ficar com raiva, portanto aguarde quanto puder até chegar lá. Isso implica controlar a sua raiva de uma forma que agrade a Deus, permitindo que ele conduza você nessa situação.

Às vezes, precisamos aprender a abrir mão de algumas coisas. Se você deseja ter um casamento feliz, precisa olhar para determinadas situações de uma perspectiva puramente prática e dizer: "Quer saber? Não vale a pena discutir por causa disso".

Quando tem a oportunidade de aconselhar as mulheres, Amy quase sempre diz a elas: "Vejam bem, vocês se casaram com um *homem*, certo? Os homens fazem coisas *de homens*, e as mulheres fazem coisas *de mulheres*. As diferenças entre vocês não precisam transformar-se em um 'problemão'. Vocês *querem* que o seu marido seja diferente de vocês, não é mesmo? Se os dois fossem iguais, um de vocês seria desnecessário. Por isso, às vezes, não liguem para certas coisas".

Acredite em mim, sei que é difícil ser tardio para irar-se. Mas vamos analisar mais um pouco da sabedoria bíblica sobre o casamento: " 'Quando vocês ficarem irados, não pequem'. Apaziguem a sua ira antes que o sol se ponha e não deem lugar ao Diabo" (Efésios 4.26,27).

Você sabia que não é pecado irar-se? Observe que esse versículo também admite que nós nos iramos algumas vezes. De fato, não é errado irar-se de vez em quando. É perfeitamente normal (desde que não seja premeditado). Então, por que o versículo menciona o verbo "pecar"? Porque a ira *conduz* ao pecado. Tudo depende do que você faz com a sua ira.

Há uma coisa que você não deve fazer: ir para a cama com raiva. Se estiver furioso, não vá dormir. Não vá se deitar e fingir que está dormindo se você ou o seu cônjuge ainda não tiverem resolvido o problema. A famosa comediante Phyllis Diller dizia: "Nunca vá para a cama com raiva. Permaneça acordado

Brigue civilizadamente

e brigue". E ela está certa! Conversem um com o outro. Exponham o que vocês estão pensando. Não façam isso para vencer. Façam para resolver o problema entre vocês.

Finalmente, reflita na última parte do versículo: "Não deem lugar ao Diabo". O que essas palavras querem dizer? Você poderá até pensar que se trata de um exagero. Mas, ao longo dos anos, tenho conversado com muitos casais que sempre deixam os problemas entre eles para depois. Em muitos casos, o assunto chegou a tal proporção que pensaram em terminar o casamento. E não chegaram a essa conclusão depois de apenas uma desavença.

Em todos os casos, eles deixaram o problema da ira para ser resolvido no dia seguinte. E, no dia seguinte, quando acordaram, a distância entre eles estava um pouco maior. Não tocaram no assunto e, no dia seguinte, estavam um pouco mais separados. Continuaram a adiar a solução do problema, dia após dia. E aquilo que começou um dia atrás, anos atrás, como uma questão simples de ser resolvida acumulou-se de tal forma que se tornou algo desnecessariamente complexo. Ao adiar a solução do problema, eles abriram a porta do casamento e deram lugar ao Diabo. Não permita que a raiva não resolvida abra a porta para problemas mais sérios.

ADAPTE-SE À SITUAÇÃO

Não vá para a cama com raiva. Controle-a. Há um motivo para eu ser tão enfático a respeito desse assunto, porque nem sempre Amy e eu fomos dormir sem solucionar um problema. No início do nosso casamento, terminávamos o dia sem terminar a discussão. Em vez de permanecer acordados e resolver a questão, íamos dormir como se nada tivesse acontecido, fingindo não estar fervendo por dentro.

ATÉ QUE A MORTE NOS SEPARE

Com esse estado de espírito, íamos para a cama como gladiadores e assumíamos as nossas posições de lutadores: um de costas para o outro, ela olhando para uma parede, e eu olhando para a outra. Na maioria dos casamentos, um dos cônjuges sofre em silêncio. Dou ao outro o nome de ofendido. No nosso casamento, Amy é a parte silenciosa. Permanece deitada na cama, sem se mexer, sem respirar. Não quer me dar a satisfação de saber que continua viva.

Eu sou o ofendido. Consigo permanecer imóvel por uns cinco minutos sem fazer nenhum barulho, mas nós dois sabemos que o inevitável acontecerá. A certa altura, vou começar a me movimentar na cama, puxar as cobertas com força, resmungar e roncar. Depois de um tempo, terei de ir ao banheiro (é o que acontece à noite quando os homens passam dos 40 anos). Antes, porém, de voltar para a cama, preciso ter a certeza de que abaixei a tampa do vaso corretamente e com força. (Não seria certo deixá-la cochilar enquanto eu ainda estou bravo.) Volto imediatamente a soprar, bufar e puxar as cobertas.

Quando estiver brigando dessa forma, tome muito cuidado para não permitir que nenhuma parte do seu corpo seja tocada. Nunca deixe que o seu pé invada o território inimigo, porque você poderá encostar nele acidentalmente. Se a outra pessoa roçar o seu pé, você será obrigado a recuar imediatamente. "Não pense que vai conseguir alguma coisa comigo esta noite. E quer saber? Vá plantar batatas!".

O problema, claro, é que, no momento de raiva, não devemos pecar. A raiva não nos ajudará a ter uma vida reta, conforme Deus deseja. Mas você sabia que existe uma coisa, a mais simples do mundo, para evitar que você chegue a esse ponto? Já discutimos esse assunto no capítulo anterior, lembra-se? *Orem juntos.*

Brigue civilizadamente

Sim, é bem simples. Busquem a Deus juntos em oração. Orar junto com o seu cônjuge é como usar o fio dental, uma disciplina simples que você precisa pôr em prática todos os dias para manter a saúde do seu casamento. Se vocês pularem um dia, voltem à disciplina imediatamente. Não desistam. Orar com o cônjuge ajuda o casal a brigar civilizadamente.

Veja como funciona: se vocês buscam a Deus juntos todos os dias, adivinhe o que vai acontecer quando uma briga começar a explodir? Vocês lembrarão imediatamente que irão orar juntos. É difícil brigar e orar com alguém. É difícil atirar um sapato de salto alto em alguém e depois orar com aquela pessoa. É difícil dizer palavras cruéis e ofensivas à sua esposa e, poucas horas depois, apresentar-se diante de Deus e pedir-lhe que o transforme no homem que ele quer que você seja. É difícil ter intimidade com Deus e viver em constante amargura e rancor.

Assim que você adquirir o hábito de buscar a Deus e tentar ouvir a voz do Espírito Santo, isso respingará em outras partes da sua vida. E, quando você sentir que as emoções estão ganhando terreno, que aquelas antigas tensões estão querendo surgir novamente, será capaz de controlar-se antes de começar a reagir de acordo com a sua velha natureza pecaminosa, aplicando golpes baixos e brigando com deslealdade. Em vez de reagir na carne, você aprende a *agir* pelo Espírito.

PROCURE AJUDA

Enquanto escrevo este livro, estou consciente de que desconheço totalmente as situações que cada casal enfrenta. Talvez o motivo da briga seja porque você não gosta da maneira que o seu marido mastiga o alimento quando os dois estão em público. Ou porque você se irrita com as tralhas que a sua esposa deixa no carro. Há também aqueles relacionamentos que fazem parte da extremidade oposta. Você chega em casa depois de fazer compras no supermercado e pega o seu marido vendo pornografia na internet. Ou descobre que a sua esposa está traindo você há meses com um dos seus melhores amigos. Pode até haver violência e abuso no relacionamento.

Eu entendo. Os relacionamentos são confusos. Há muitas situações com as quais as pessoas precisam lidar na vida, e com certeza um único livro não terá todas as respostas para elas. Mas, ao mesmo tempo, estou convencido de que, se ambos conseguirem buscar a Deus juntos, e se ambos se comprometerem a brigar civilizadamente, creio que a presença de Deus poderá restaurar qualquer relacionamento. Além disso, você precisa admitir que não conseguirá lidar sozinho com as situações que surgirão. Talvez necessite de ajuda externa, ou de um casal mais experiente e confiável, ou de um conselheiro cristão. É perfeitamente correto buscar ajuda. É uma atitude sábia. Com isso em mente, quero compartilhar com você quatro sinais de advertência extraídos daquilo que John Gottman denomina de "os quatro cavaleiros do apocalipse". Se você tem notado esses sinais constantemente no seu casamento, não está brigando civilizadamente e talvez necessite de ajuda.

1. *Crítica.* As pessoas costumam confundir crítica com queixa, mas não são a mesma coisa. Quem se queixa diz: "Teria sido melhor se tivéssemos saído na hora em que eu queria". O crítico diz: "Estamos sempre atrasados por sua causa!". Queixar-se é expressar infelicidade com as

Brigue civilizadamente

circunstâncias. Criticar é expressar desaprovação sobre o caráter ou decisão de alguém. A queixa é generalizada e muitas vezes não se refere a ninguém em particular. A crítica é específica e *certamente* dirigida a alguém. Se a crítica for um elemento comum no seu casamento, você está prestes a enfrentar problemas e necessitará de ajuda. A crítica descontrolada o levará direto ao próximo sinal de advertência.

2. *Desprezo.* Desprezo significa desconsideração. Você não respeita nem valoriza a opinião do seu cônjuge ou, quem sabe, despreza *ele próprio*. Acha que o seu cônjuge "não merece" você ou que não "está à sua altura". Em geral, o desprezo manifesta-se de formas visíveis e audíveis. Quando você diz alguma coisa, o seu cônjuge resmunga ou revira os olhos. Dirige-se a você com sarcasmo ou desdém. O desprezo quase sempre começa em ambientes privados, na presença apenas de vocês dois, porque o seu cônjuge tenta manter as aparências para os de fora. Contudo, tão logo o desprezo aprofunda suas raízes, as pessoas de fora logo conseguirão ver brotos venenosos na ponta dos seus ramos.

3. *Atitude defensiva.* Ficar na defensiva é um dos sinais de advertência mais comuns de que você precisa de ajuda externa. Pelo menos um dos cônjuges (e frequentemente ambos) recusa-se a ser responsável pelos problemas no casamento. As pessoas que permanecem na defensiva dizem mais ou menos isto: "A culpa é dela. Eu não fiz nada de errado. Ela vive furiosa". Ou: "Ele é um babaca. O seu dom espiritual é 'ser idiota'".

Às vezes, a pessoa não demonstra tanta evidência em transferir a culpa, mas seu revestimento pessoal antiaderente não permite que nada se grude a ela. O problema em não admitir a responsabilidade é que a culpa é de *vocês dois*, claro. Mesmo que um de vocês esteja arruinando o casamento, a resposta mais apropriada é agir de acordo com o Espírito de Deus, não reagir segundo as suas emoções. Jogar sempre a culpa na outra pessoa simplesmente não ajudará ninguém a encontrar uma solução para o problema.

4. *Incomunicabilidade.* Incomunicabilidade é um método passivo/agressivo usado por pessoas imaturas para forçar a situação a seu favor. O cônjuge que não se comunica com o outro deve ter desistido do relacionamento ou espera que ambos permaneçam juntos até que a crise atual "estoure". De qualquer forma, trata-se de outro ângulo sobre não aceitar a responsabilidade. A pessoa sempre muda de assunto quando o problema é mencionado, esquiva-se de discussões (às vezes se afasta ou se esconde) ou recusa-se a reconhecer que o problema existe. A incomunicabilidade representa grande parte do lado oposto de buscar a restauração.

Um dos pilares mais importantes de que você necessita para ter um relacionamento conforme Deus deseja é brigar civilizadamente. Mesmo que você perceba a presença de um dos quatro sinais de advertência no seu casamento — ou todos —, isso não significa que é tarde demais! Deus pode restaurar o seu casamento. Cabe a você dar o primeiro passo, portanto busque-o imediatamente. Não espere. Mesmo que sinta que o seu cônjuge não está disposto a buscar a Deus com você neste momento, não *pare*!

Brigue civilizadamente

Se você achar que não existe solução para o seu casamento, gostaria de lembrar você das palavras que Jesus disse um dia: "Para o homem é impossível, mas para Deus todas as coisas são possíveis" (Mateus 19.26). Então, de onde vem toda essa ansiedade? Bom, Jesus disse também que "o ladrão vem apenas para roubar, matar e destruir". Mas Jesus veio para que você tenha vida, e a tenha plenamente (João 10.10). Você só tem um inimigo, e esse inimigo não é o seu cônjuge. Concentre-se nisso. O seu inimigo é um ladrão que está tentando roubar a sua alegria, matar o seu amor e destruir o seu casamento. A boa notícia é que você não precisa brigar civilizadamente com esse inimigo. Não, você vai brigar com ele "pra valer". Vai brigar pelo seu casamento, e vai brigar para ser vitorioso.

E uma das melhores maneiras de ser vitorioso é aprender a brigar civilizadamente com o seu cônjuge — para solucionar o problema, para restaurar o casamento. Não meça esforços. Dedique-se de corpo e alma a essa tarefa, mesmo nas situações difíceis. Ponha o perdão em prática. Sacrifique o seu orgulho em favor do casamento. Busque a Deus com o seu cônjuge. Coloque Deus em primeiro lugar no seu relacionamento.

Não briguem entre si.

Briguem pelo casamento que vocês tanto almejam.

♥ A OPINIÃO DE AMY ♥

Quando eu me lembro de algumas coisas pelas quais Craig e eu brigamos logo no início do nosso casamento, há mais de vinte e três anos, sinto vergonha de ter sido tão tola. Hoje, muitas das nossas brigas parecem ridículas. É claro que, na época, não pareciam insignificantes nem absurdas. Cada "problema" parecia... muito sério.

Craig já contou que gosta de panquecas com formato perfeito, bem finas e quase crocantes, cheias de alimentos processados e quentes demais para comer. Eu também gosto de panquecas, mas prefiro as de massa mais grossa e feitas com trigo integral. Deus proibiu que chegássemos a um meio-termo! (Mas nos últimos anos Craig aprendeu a apreciar a minha versão saudável de panquecas e, de vez em quando, eu lhe faço um agrado, preparando aquelas panquecas finas e repletas de alimentos processados que ele tanto ama.) Houve muitas outras discussões verdadeiramente insignificantes e também ocasiões sérias de expectativas frustradas e sentimentos feridos para administrarmos.

Quando vamos de carro a algum lugar novo, sinto-me sempre feliz por passar alguns momentos a sós com o meu marido. Normalmente é Craig quem dirige, e eu o ajudo a encontrar o caminho. Mas, sinceramente, nem sempre eu me preocupo em saber se chegaremos ao local no horário. Para mim, é muito mais importante relaxar e apreciar a viagem. Gosto de ver a paisagem pela janela do carro e procuro saborear cada momento. (Atenção! Atenção! Temos personalidades muito diferentes!)

Craig caçoa de mim porque tento conduzi-lo com base no Sol e nas estrelas, o que o deixa maluco, principalmente quando ele pega o caminho errado. E, quando percebo que ele está

Brigue civilizadamente

correndo demais e sem necessidade, e lhe digo isso, o clima entre nós esquenta rapidamente. Você entendeu o quadro geral? Há dois elementos que, a meu ver, nos ajudaram realmente a brigar mais civilizadamente. Eu diria que os dois elementos têm relação estreita com o fato de que o nosso relacionamento se tornou mais maduro ao longo dos anos, não apenas entre nós dois, mas também entre nós e Cristo. O primeiro elemento é que aprendemos a amar mais um ao outro. Conforme eu disse, somos diferentes um do outro — muito diferentes. Contudo, em vez de permitir que essas diferenças provoquem tensão entre nós, aprendemos a harmonizar as nossas diferenças e até apreciá-las.

Desisti de tentar mudar Craig para que ele fosse mais semelhante a mim. Por que cargas d'água eu haveria de querer lidar com uma pessoa exatamente igual a mim? Craig é Craig. Eu o aceito como ele é. Se Jesus o aceita, por que eu não deveria aceitar? Além de tolerar as nossas fraquezas ou diferenças, aprendemos a transmitir força um ao outro. Colhemos resultados melhores quando trabalhamos juntos do que quando decidimos agir por conta própria. A mistura das nossas peculiaridades cria uma doce harmonia quando escolhemos a graça em vez do orgulho. Somos de fato duas metades de uma pessoa, que é exatamente como a Palavra de Deus descreve o casamento.

O segundo elemento é que aprendemos a usar o autocontrole. Nos momentos críticos, não expomos os primeiros pensamentos que nos vêm à mente. Quando estamos aborrecidos, é fácil deixar escapar palavras cheias de ira. Deus mudou essa tendência, primeiro na vida de Craig, e seu exemplo piedoso me fez agir melhor também. Se você conseguir reter as palavras com paciência e oração até ordenar os pensamentos e acalmar o coração, o calor do momento se dissipará. É incrível como a situação se harmoniza com mais facilidade quando aguardamos um pouco mais.

Nós dois sabemos que, inevitavelmente, precisaremos chegar a um acordo antes de dormir naquela noite. E, no dia seguinte, tudo parece melhor. Iniciamos os nossos afazeres com a mente renovada e em clima de amor, determinados a não permitir que a bagagem se acumule. Não damos a mínima chance para que os nossos problemas evoluam. Quando o inimigo tenta pôr o pé na porta, nós a fechamos com força, sem dó nem piedade, até que ele não tenha outra saída, a não ser desistir.

É claro que esse método só funcionará se vocês dois pensarem da mesma forma. Os dois pontos críticos que você precisa lembrar são: buscar a Deus juntos e constantemente em oração e sempre considerar a solução do problema como meta principal. Muitas vezes, quando começamos a discutir, permitimos que as emoções se misturem, e tudo fica muito confuso. Provavelmente, a causa principal é o orgulho. Queremos a todo custo ter razão. Além de ser um objetivo terrivelmente prejudicial, ele torna a briga impossível de ser vencida. Se você vencer em todas as brigas, mas, no processo, destruir o seu casamento, o que terá ganhado realmente? Nada!

Portanto, não briguem para vencer. Ambos devem brigar para vencer o conflito e construir um relacionamento mais íntimo. Não briguem um com o outro; briguem juntos para ver o seu casamento restaurado. Redefinam a palavra "vencer". Ela deve significar que, ao fim de cada briga, vocês estarão mais próximos um do outro do que no início. Esse é o significado de vencer! E esse é o verdadeiro significado de brigar civilizadamente.

CAPÍTULO 3

Divirta-se

A esposa deve deixar o marido feliz quando ele chega em casa, e o marido deve deixar a esposa triste ao vê-lo partir.

MARTINHO LUTERO

QUANDO AMY E EU ÉRAMOS NAMORADOS, eu adorava planejar encontros diferentes para manter o namoro divertido e imprevisível. Eu não tinha muito dinheiro, portanto precisava ser bastante criativo. Por exemplo, certa vez eu a levei a um acampamento — em um ambiente fechado. Você leu corretamente, em um ambiente fechado. Tomei emprestada a barraca do vizinho mais próximo e montei-a na minha sala de estar. Cerquei a barraca com uma floresta de plantas domésticas e com todos os animais de pelúcia que a minha irmãzinha conseguiu guardar, como se fossem animais selvagens à espreita entre as árvores.

Depois que Amy chegou, preparei a comida "fora" e a servi como se houvesse uma fogueira no nosso acampamento. Você deve estar revirando os olhos e pensando que se trata da coisa mais piegas que já ouviu, mas ela adorou. Ficou emocionada por eu ter tido tanto trabalho para agradá-la. Rimos e nos divertimos o tempo todo, como se fôssemos dois bobocas apreciando a companhia um do outro.

E sabe de uma coisa? Depois de mais de vinte e três anos e seis filhos, a ideia deu certo! (E sou muito grato por isso.) Houve outros encontros igualmente divertidos e cheios de aventuras. Adorávamos fazer piqueniques, às vezes espontaneamente. Ajuntávamos algumas coisas e íamos a um lugar bonito (um parque) ou divertido (o zoológico) ou a ambos. Conversávamos e aprendíamos um com o outro, compartilhando histórias e revelando um pouco mais da nossa vida, sempre rindo e brincando muito.

Às vezes, eu levava pequenas bijuterias e presentes para ela. Em um dos nossos encontros, ofereci-lhe um livro infantil chamado *A bicicleta de Miffy*, que conta a história de uma coelhinha que sonhava em ganhar sua primeira bicicleta. Quando lhe entreguei o livro, ela perguntou:

— Para que serve?

— Bom — respondi —, encontrei este livro e pensei: *Puxa! É tão lindo! Eu adoraria ler esta história para os meus filhos um dia.* Por isso, queria que você o guardasse em um lugar especial até chegar o dia de o lermos juntos para os nossos filhos.

Eu sei, eu sei. As mulheres que acabaram de ler esse parágrafo disseram: "Ohhh!". Os homens reagiram mais ou menos assim: "Cara, você está falando sério?". Mas é verdade. Eu fiz isso. E todos os meus filhos memorizaram cada página do livro quando já estavam grandes o bastante para ler a história sozinhos. E todos sabem: "O papai deu este livro à mamãe antes de eu nascer". O livro será guardado como um tesouro na nossa família, quem sabe por muitas gerações. Na verdade, daqui a alguns anos, quando Amy e eu tivermos partido deste mundo, provavelmente os nossos filhos enfrentarão uma batalha legal

Divirta-se

dramática para decidir quem ficará com ele. (Não é bem assim. Incluímos um parágrafo sobre o livro no nosso testamento.) É bem provável que você tenha as suas próprias histórias tolas, especiais, sentimentais, que ninguém acha engraçadas. (E se não as tiver, está em cima da hora para conseguir algumas!) Divertir-se não é apenas uma parte importante da história do seu namoro. Divertir-se no casamento deveria ser uma série contínua de eventos alegres.

AMAR VOCÊ É DIVERTIDO

Nos tempos de namoro, Amy e eu fazíamos um grande esforço para ter certeza de que nos divertiríamos juntos. E, quando nos casamos, comprometemo-nos a levar para o casamento essa mesma intencionalidade de nos divertir. Sabíamos, sem ter de pensar no assunto, que a diversão era uma parte muito importante do nosso relacionamento. Tínhamos visto muitos amigos começando a perder o contato um com o outro logo depois do casamento. Eles assumiram os papéis de "adultos" que todos esperam de um casal e, aparentemente, perderam de vista aqueles momentos nos quais simplesmente se divertiam juntos.

Por que isso acontece? Embora o marido e a esposa sejam responsáveis por manter viva a diversão, creio que o problema começa, em geral, com o homem. Somos, por natureza, perseguidores, iniciadores, caçadores. Somos estimulados pela caça. Adoramos vencer, conquistar, abater a caça. E, homens, o que fazemos quando abatemos a caça, quando pegamos aquele cervo? Empalhamos a cabeça do animal, penduramos na parede, orgulhamo-nos por uns tempos e depois fazemos o quê? Saímos para caçar novamente.

Muitos homens não conseguem separar esse impulso masculino dos tempos de namoro. Você vive como se houvesse um

ATÉ QUE A MORTE NOS SEPARE

público acompanhando o seu desempenho quando está tentando convencer *aquela* garota a sair com você. Você convence a garota a ser a sua namorada. Depois tenta impressioná-la, dizendo que tem boas condições de ser um bom marido, leva flores para ela e brinca com os filhos dos outros. Finalmente, você coloca aquele anel no dedo dela, e todos os seus amigos e familiares dizem: "Viva! Ele conseguiu! Ela é fantástica! Parabéns, amigo!". E, depois que todos os aplausos cessam e a sua vida calma e rotineira começa, a multidão simplesmente desaparece. Ninguém mais o encoraja com as palavras: "Você vai conseguir! Vá atrás dela, cara!". Se você não adaptar o jogo à sua nova realidade, deixará a diversão escapar.

Infelizmente, muitas pessoas acham que diversão no casamento é um luxo ao qual poucos têm direito. "Não temos mais tempo para diversão. Não temos dinheiro para comemorações tolas ou fins de semana fora de casa. Estamos trabalhando demais para ganhar a vida e seguir em frente. Precisamos agir como adultos. Claro, foi divertido enquanto durou, mas agora não existe mais. Eu gostaria que a nossa vida fosse um pouco mais divertida, mas essa não é a realidade que vivemos a esta altura da vida". Se e quando a família começa a aumentar com a chegada dos filhos, então torna-se impossível que os dois se divirtam juntos.

Essa ideia, porém, não é totalmente verdadeira! Quero dizer uma coisa: a diversão no casamento não é um luxo; é uma necessidade. Não sei bem por que muitas pessoas parecem não sentir alegria no casamento, mas se trata de um problema que observo com frequência. Aliás, ouvi um sujeito dizer: "O homem não sabe o que é felicidade até o dia em que se casa. Mas aí é tarde demais para fazer alguma coisa!". E, pouco tempo depois, ouvi uma mulher retrucar: "Sempre que ouço um homem dizer que a sua esposa não gosta de piadas, tento lembrá-lo de que ela já ouviu a melhor de todas quando se casou com ele".

Conheço inúmeros casais que se divertiam muito nos tempos de namoro, mas, assim que se casaram, a "vida" impôs restrições e, com o tempo, eles pararam de apreciar a companhia um do outro.

Sem romantismo, sem aventura, sem intimidade física — sem *diversão* —, o casamento reduz-se a um simples acordo comercial. Vocês agem como se fossem sócios de uma empresa, duas pessoas que moram juntas e dividem as despesas de aluguel e comida, por exemplo, mas cada uma vive a sua própria vida. A comunicação entre vocês termina como se fossem curtas reuniões nas quais ambos dividem as tarefas:

— Vou levar Jamie à aula de educação física na quinta-feira.

— Está bem. Nesta semana, a reunião dela é no mesmo horário da aula de piano da Beth, por isso vou levar Beth enquanto você estiver com ela por lá. Você pagou a fatura do cartão de crédito?

— Ah, sim, mas esqueci que tenho de levar algumas correspondências ao correio.

— Bom, terei de ir de qualquer forma ao caixa eletrônico esta manhã. Há uma caixa de correio ao lado. Você me entrega as cartas, e eu as deixo lá.

— Obrigado. Agora, qual é o próximo item da agenda desta semana?

Não me entenda mal. São responsabilidades importantes que precisam ser assumidas. No entanto, se você deixar seu casamento se deteriorar a ponto de precisar apenas negociar as transações do dia, a sua alegria será a mesma de lamber aqueles selos para colocar nas cartas, se é que você me entende.

ATÉ QUE A MORTE NOS SEPARE

As pessoas nunca se apaixonam em situações difíceis. Você conhece alguém que se apaixonou por uma pessoa com a qual tinha uma vida entediante? Já ouviu uma jovem dizer: "Ah, esse cara é espetacular! Não temos nada em comum. Todas as vezes que estamos juntos, permanecemos sentados e não dizemos nada. Às vezes fico parada vendo-o jogar *videogame* durante horas. É bom demais quando ele fica apático e entediado daquela forma".

Não! Você ouve palavras como estas: "Nós nos divertimos muito quando estamos juntos! É uma loucura saber que temos tanta coisa em comum. As horas passam como se fossem minutos. A pior parte de cada encontro é a hora da despedida. Parece que nunca temos tempo suficiente para falar sobre tudo o que queremos. Seria bom demais ficarmos juntos para sempre".

Se as pessoas não se divertiam durante o namoro, não deveriam ter se casado. Mas você não acha que alguns casais, depois que colocam a aliança no dedo esquerdo, perdem o senso de aventura e diversão?

Você imagina que não tem tempo para diversão? Ao contrário, você não tem tempo para *não* se divertir. Na verdade, se você não sente um pouco de alegria no casamento, um dia não terá casamento algum.

TÍTULOS E DETALHES

Deus deseja que os cônjuges se divirtam um com o outro. Ele se encanta genuinamente quando nos vê apreciando as bênçãos do casamento. O casamento dá um toque colorido aos momentos em preto e branco da vida. "Desfrute a vida com a mulher a quem você ama, todos os dias desta vida sem sentido que Deus dá a você debaixo do sol; todos os seus dias sem sentido! Pois essa é a sua recompensa na vida pelo seu árduo

Divirta-se

trabalho debaixo do sol" (Eclesiastes 9.9). O texto nos encoraja a desfrutar a vida com a mulher que amamos. Não precisa ser mais direto que isso, precisa?

Na maior parte dos dias, você precisa cuidar dos seus afazeres, deixar tudo pronto. Você se levanta, sai para trabalhar, às vezes faz uma pausa para almoçar, trabalha um pouco mais e finalmente chega em casa à tardinha ou à noite. E essa é a melhor parte do dia: voltar para a mulher que você ama. Homens, sejam determinados a buscar a felicidade junto com a sua mulher, porque ela é a "recompensa" de Deus na sua vida.

Voltar para o seu cônjuge significa desfrutar um tempo juntos face a face. Significa o que vocês esperavam: estar juntos, pessoalmente, apreciando a companhia um do outro. Quando vocês eram namorados, parecia que tinham assunto para conversar durante horas a fio todos os dias. Telefonavam um para o outro e conversavam. E, entre uma ligação e outra, trocavam mensagens de texto. Conheci casais que, nos tempos de namoro, conversavam por telefone até as 2 horas da madrugada. E, quando não tinham mais o que dizer, deixavam o celular perto deles, no travesseiro, e dormiam ouvindo a respiração um do outro. (Não estou falando de respiração pesada, apenas de respiração normal, em ritmo apropriado!)

E o que acontece depois do casamento? Para a maioria, todos aqueles momentos face a face são preenchidos com programações, responsabilidades e estresse: "quem vai buscar as crianças na escola", "você o leva à aula de caratê", "você a leva à aula de dança", "precisamos trocar o óleo do carro", "passe na padaria ao voltar para casa e compre alguns litros de leite", "acho que o ar-condicionado está com problema" e "está bem, vou pedir ao técnico que dê uma olhada". Embora estejam face a

73

ATÉ QUE A MORTE NOS SEPARE

face, embora estejam juntos, vocês usam o tempo simplesmente para trocar informações, não para se comunicar, não para uma conversa mais íntima. Pode ser uma atitude respeitosa, mas não existe intimidade. Pode ser prática, mas não é divertida. E, pior de tudo, não funciona. Vocês dois precisam divertir-se face a face de modo legítimo.

Vamos ler nas Escrituras um exemplo do tipo de comunicação a que estou me referindo. Em Cântico dos Cânticos, Salomão dirige-se poeticamente à sua amada, a Sulamita, alongando-se em descrever a ela cada aspecto de sua beleza, com detalhes íntimos e sensuais. Ele começa a falar sobre seus pés, passando pelo corpo inteiro e termina descrevendo seus olhos. Por favor, permita-me traduzir um trecho (7.1-4) para você:

"Como são lindos os seus pés calçados com sandálias, ó filha do príncipe! As curvas das suas coxas são como joias, obra das mãos de um artífice".

Ah, esse cara é bom. Fico imaginando se ele tivesse colocado uma música de fundo, cantada por Barry White.

"Seu umbigo é uma taça redonda onde nunca falta o vinho de boa mistura."

Tradução: "Querida, eu adoraria tomar algumas doses de bebida diretamente da depressão no centro do seu abdome".

"Sua cintura é um monte de trigo cercado de lírios."

Tradução: "Seu corpo tem as formas suaves de um violão. Você é bela e delicada. E exala um perfume delicioso".

"Seus seios são como dois filhotes de corça, gêmeos de uma gazela."

Tradução: "Eu amo os seus filhotes gêmeos. São macios, fofos e lindos! Não tenho palavras para dizer como sou feliz por ver que eles fazem parte de você". (Esclarecendo: eu poderia entrar em muitos outros detalhes sobre este assunto, mas, porque

Divirta-se

estou amadurecendo como homem, vou parar por aqui. Mas tenho certeza de que você captou a ideia.)

"*Seu pescoço é como uma torre de marfim.*"

Tradução: "O seu pescoço é longo e esguio. A sua pele é delicada como porcelana".

"*Seus olhos são como os açudes de Hesbom, junto à porta de Bate-Rabim.*"

Tradução: "Os seus olhos são tããão azuis. Quero mergulhar neles, meu amor".

E então, o que Salomão está fazendo? Está conversando intimamente com a sua mulher, face a face, descrevendo os seus detalhes.

Os homens gostam de títulos.

As mulheres gostam de detalhes.

Salomão não se conteve. E sua mulher ama a atenção que ele lhe dedica. As mulheres gostam de conversar com o marido. Adoram quando lhes dizemos o que estamos sentindo, como estamos sentindo e por que estamos sentindo. Os homens, claro, querem *mostrar* seus sentimentos a elas, mas as mulheres gostam que eles expressem os sentimentos em palavras. Quando expressamos os sentimentos em palavras, abaixamos a guarda, o que torna o relacionamento mais verdadeiro. As conversas íntimas e constantes são o segredo para o sucesso em qualquer casamento. Isso significa que você deve protegê-lo; caso contrário, grave as minhas palavras, a rotina do dia a dia os afastará aos poucos, e a diversão face a face desaparecerá.

PRESERVE O NAMORO

O pessoal que faz parte da nossa igreja deve ter se cansado de me ouvir dizer, durante muito tempo, as mesmas palavras todas as vezes que eu falava sobre casamento: a noite do namoro. A noite do namoro, a noite do namoro, a noite do namoro, a noite do namoro, a noite do namoro. Parecia que eu não conseguia ser suficientemente enfático. Durante anos, quase todas as semanas, Amy e eu mantivemos fielmente o nosso compromisso de separar uma noite para namorar. Era a ocasião que separávamos toda semana para nos conectar de maneira íntima e emocional, face a face. Apesar de toda a correria da nossa vida, nós dois sabíamos que havia pelo menos uma noite vindo durante a semana e aguardávamos ansiosamente por ela.

No entanto, à medida que ficávamos mais velhos, à medida que os filhos chegavam um após o outro e à medida que as engrenagens da igreja se tornavam cada vez mais complicadas, abandonamos o compromisso. Conversamos juntos sobre as nossas agendas e chegamos a um acordo: "Ei, quer saber? Conseguimos ter um ótimo casamento. Estamos muito atarefados nesta fase da vida para manter o compromisso de namorar face a face uma noite por semana como se isso fosse uma vaca sagrada. Por ora, vamos relaxar e nos divertir com os nossos filhos".

Na época, a ideia pareceu perfeita. Mas não tínhamos ideia de quanto aquela decisão aparentemente inocente nos custaria. Meses depois, notamos uma tendência incômoda no nosso relacionamento. Reuníamo-nos todas as semanas com um pequeno grupo de amigos para conversar sobre a nossa fé e compartilhar o que se passava conosco, tanto as coisas boas como as ruins. Durante aqueles encontros semanais, notei um fato que se tornou repetitivo. Amy falava de seus afazeres, de como estava se sentindo, e eu pensava: *Eu não sabia que ela está enfrentando esse problema!*.

Divirta-se

Além de ser a minha esposa, Amy é a melhor amiga que tive. E lá estava ela falando sobre assuntos importantes dos quais eu não tinha a mínima ideia. Amy notou a mesma coisa. Eu contava ao grupo: "Recentemente, passei a orar por..." ou "O fardo que estou carregando é muito pesado para mim". De volta para casa, Amy me perguntava: "Quando começou? Por que só ouvi falar sobre isso na reunião do grupo esta noite?".

Felizmente, chegamos à mesma conclusão juntos. Percebemos como aquele tempo de intimidade face a face era importante para estabilizar e fortalecer o nosso casamento. Tão logo percebemos o que estava acontecendo, reassumimos o compromisso da noite de namoro. *Era* realmente sagrado!

Você precisa fazer o mesmo. Precisa encontrar tempo, reconhecer que esses momentos são sagrados e preservá-los com muito zelo. A qualidade do seu casamento será a sua testemunha. Se vocês separarem um tempo para namorar face a face, o seu relacionamento mostrará os efeitos. E sabe o que ele poderá mostrar também? Que vocês não separaram esse tempo.

Conversar no carro enquanto vocês levam os filhos para a próxima atividade não vale. Nem conversar enquanto veem televisão juntos. E sentar-se à mesa, um na frente do outro, olhando para o celular, com certeza não vale. Vocês precisam de tempo face a face. Tempo regular, comedido e fiel. Façam longas caminhadas no *shopping*, como aqueles casais mais velhos. Sentem-se numa cafeteria. Deem um longo passeio de carro. Assistam a um filme em um *drive-in*. Encontrem um restaurante pequeno e afastado e passem a frequentá-lo regularmente. Façam o que for necessário, mas invistam em encontros face a face, constantes e autênticos!

ATÉ QUE A MORTE NOS SEPARE

LADO A LADO

Há outra diversão tão importante quanto a noite de namoro — a diversão lado a lado. Basta passar alguns momentos com o seu melhor amigo (o seu cônjuge), realizando uma atividade juntos que ambos apreciam. Cântico dos Cânticos 7.11 diz: "Venha, meu amado, vamos fugir para o campo, passemos a noite nos povoados".

Você é capaz de sentir a alegria se aproximando? "Ei, amor, vamos dar uma escapada neste fim de semana. Saímos de casa, levamos as crianças para os seus pais tomarem conta e vamos nos divertir um pouco juntos. Quem sabe encontramos uma pousada com café da manhã no caminho."

Mulheres, não subestimem a importância que o seu marido dá a essa diversão lado a lado. Não quero generalizar, porém o que vou dizer *geralmente* é verdade. Para a maioria dos homens, esse tipo de diversão significa muito mais do que significa para você. Passear e divertir-se com a esposa é uma atividade que faz o homem se sentir valorizado. Vocês *querem* passar alguns momentos lado a lado. E é isso o que os conecta como amigos.

Um amigo disse-me certa vez: "Quando caminho ao lado da minha esposa, sempre seguro a mão dela. E faço isso por dois motivos. Primeiro, porque a amo. Segundo, porque, se eu soltar a mão, ela sai de perto de mim para comprar alguma coisa".

Depois que nos casamos, Amy e eu demoramos vários anos para entender a importância de passar um tempo lado a lado. Ironicamente, depois que tomamos essa decisão, comecei a compreender alguns sentimentos que eu tinha a respeito de Amy no início do nosso namoro. Ela sempre *queria* me acompanhar, aonde quer que eu fosse, e essa era uma particularidade da qual eu

Divirta-se

gostava muito. Se eu fosse jogar tênis com um amigo, ela queria ir junto. Se eu precisasse estudar na biblioteca, ela pegava alguns livros e ia estudar comigo.

Houve uma ocasião em particular da qual sempre me lembrarei. Estávamos na faculdade, e eu costumava buscá-la para nos reunirmos com alguns amigos. Ao sair de casa, peguei dois pares de luvas de beisebol. Mais tarde, enquanto estávamos em companhia dos nossos amigos, Amy e eu brincamos de atirar bola um para o outro. Lembro-me especificamente de ter pensado na ocasião: "Esta gatinha é a melhor amiga que já tive na vida. Onde mais eu encontraria uma garota que quisesse jogar bola comigo?". Um amigo tirou uma fotografia de nós durante o jogo e me ofereceu posteriormente. Aquela foto significou muito para mim. Ampliei-a do tamanho de um pôster e pendurei-a na parede. Queria que todos os meus conhecidos vissem aquela garota incrivelmente perfeita que jogava bola — uma garota muito atraente *e* que adorava esporte!

Qual seria a atividade equivalente para vocês? Escolham uma que os dois apreciem. O seu marido sempre pede que você jogue golfe com ele? Talvez você ache esse jogo entediante. Mas quero fazer uma pergunta: você já dirigiu um carrinho de golfe? Não é necessariamente entediante. Além do mais, pense nas conversas que vocês terão durante esse tempo juntos.

Talvez ele goste que você o acompanhe em pescarias. Não é o meu caso, mas conheço algumas esposas que gostam de pescar. Uma delas adora sair de casa e sentar-se em silêncio ao lado do marido durante horas. Eles ficam de mãos dadas, tomam café juntos e aguardam que um peixe morda a isca. A ideia não parece romântica?

E vocês não precisam recorrer a extremos para se divertirem juntos. Talvez gostem de visitar museus ou de construir

ATÉ QUE A MORTE NOS SEPARE

castelos de areia na praia. Talvez prefiram escalar montanhas de pedras, dar longos passeios a pé, pedalar uma bicicleta dupla ou jogar xadrez. Ou simplesmente sentar-se na varanda de manhã, tomar uma xícara de café juntos e contemplar os passarinhos. O importante é passar um tempo lado a lado. Mulheres, tentem fazer parte do mundo do seu marido. Mas esse é um conselho de mão dupla. Homens, tentem fazer parte do mundo da sua esposa também. Invente todas as piadas que quiser sobre ir ao *shopping* com ela, a uma feira de artesanatos, a um mercado de pulgas ou a um leilão de antiguidades, mas faça questão de se divertir. Mulheres e homens: dediquem tempo para participar com o seu cônjuge de uma atividade que ele aprecie.

Às vezes, vou ao supermercado com Amy na sexta-feira à noite. Por quê? Porque adoro fazer compras no supermercado, claro! (Na verdade, prefiro ser submetido a uma tortura chinesa, recebendo pingos d'água na cabeça, a comparar preços de vegetais enlatados.) Mas quer saber? Amy gosta de fazer compras no supermercado. E ela é boa nisso! E eu gosto desse tempo a sós com ela. E mais, tenho a oportunidade de tentar colocar no carrinho um pacote de mistura de panquecas verdadeiras quando ela não está olhando. Aliás, na última vez em que fui ao supermercado com Amy, ela gostou tanto que, na manhã seguinte, me serviu panquecas finas, do jeito que eu gosto. Deus é bondoso assim, e a minha mulher é bondosa assim.

De vez em quando, a espiral da minha santidade sobe descontroladamente e consigo assistir a um programa inteiro sobre vestidos de casamento ao lado dela. Eu nunca soube que esse programa existia, mas sim, claro, há uma série inteira explicando como as mulheres devem escolher vestidos de casamento. Enquanto assistíamos a um desses programas, ela me

Divirta-se

perguntou: "Isso não dá uma sensação de intimidade?". Não pude deixar de sorrir para aquela mulher tão linda.

Gosto de passar tempo com a minha esposa no mundo dela, fazendo coisas das quais ela gosta. Já compareci a um chá de bebê com ela. Certa vez, Amy perguntou se eu gostaria de acompanhá-la na manicure. Naquele dia, porém, achei que deveria impor um limite. Não poderia fazer aquilo. Morro de medo que alguém cutuque as minhas unhas. Mas conheço alguns homens que gostam de fazer as unhas. Embora eu não os critique, vamos ser claros, fazer as unhas não é coisa para homens. Mas tenho a filosofia de que todo homem tem um lado "feminino". O meu refere-se a velas. Se o seu for fazer as unhas... tudo bem. Mas pare por aí! Se começar a ver programas sozinho sobre vestidos de casamento e com velas acesas após fazer as unhas, será necessário fazer alguma intervenção na sua vida.

É um fato praticamente comprovado que as mulheres gostam que os homens conversem com elas de coração aberto. Por isso eu pergunto a vocês, mulheres: quando o seu marido está mais propenso a abrir o coração com você? Penso que em duas ocasiões específicas:

1. Quando ele está fazendo algo de que gosta.
2. Logo *depois* de ele ter feito com você algo do qual ele gosta.

(O quê? O quê? Sim, há uma piadinha camuflada nessas duas afirmações. Mas não é verdadeira só por ser engraçada.)

DIVERSÃO NO PARQUE

A diversão face a face é importante. A diversão lado a lado também. E quando você se diverte face a face e lado a lado,

ATÉ QUE A MORTE NOS SEPARE

adivinhe o que vai acontecer? Diversão de umbigo contra umbigo! E, para demonstrar o significado dessa diversão física, talvez seja aconselhável pedir a Salomão e Sulamita que façam uma demonstração para nós. Em Cântico dos Cânticos 7.10-12, a amada de Salomão começa a reagir às investidas dele:

"Eu pertenço ao meu amado, e ele me deseja."

Tradução: "Eu sei que você me deseja. E quer saber? Sou toda sua."

"Venha, meu amado, vamos fugir para o campo, passemos a noite nos povoados."

Tradução: "Sim. Quero passar um fim de semana a sós com você. Que tal irmos àquele pequeno hotel que você quer tanto conhecer?".

"Vamos cedo para as vinhas para ver se as videiras brotaram, se as suas flores se abriram e se as romãs estão em flor."

Tradução: "Quando chegarmos lá, vamos andar a esmo pela mata para ver se existe vida selvagem, se é que você me entende. E se a primavera estiver no ar...".

"E ali eu lhe darei o meu amor."

Eu preciso traduzir a última frase? Preste atenção! Ela está dizendo a ele: "Vamos fazer sexo no parque!". Quero ser bem claro aqui: não estou sugerindo que vocês façam isso. Só estou dizendo o que ela disse. Se vocês quiserem fazer sexo no parque, serão presos, a não ser que encontrem um lugar totalmente escondido. (Mas vocês não ouviram isso de mim.)

Portanto, aí está. Essa é a diversão umbigo contra umbigo para vocês. É romantismo. É intimidade física. Vocês entenderam. (Espero que sim...)

Agora, você deve estar pensando: "Deus aprova esse tipo de coisa?". Sim! Sim, ele aprova. Vamos ver o que diz sua Palavra:

Divirta-se

Seja bendita a sua fonte!

Alegre-se com a esposa da sua juventude.

Gazela amorosa, corça graciosa;

que os seios de sua esposa

sempre o fartem de prazer,

e sempre o embriaguem os carinhos dela

(Provérbios 5.18,19).

Tradução: "Alegrem-se um com o outro sempre. Importa se vocês são casados há dez minutos ou há quarenta anos, alegre-se com a mulher com quem você se casou".

A Palavra de Deus não é maravilhosa? A sua mulher é bela, é graciosa, e tomara que você sempre se sinta satisfeito com o que ela é para você. A palavra hebraica do texto, traduzida por "embriaguem", é *shagah* (shagá), usada às vezes para descrever o modo pelo qual o animal persegue, ataca e mata outro para alimentar-se. É assim que Salomão diz que você deve sentir o amor que a sua esposa dedica a você — um amor que o persegue, que se precipita sobre você e que o devora. Isso é o que se chama excitação avassaladora! No casamento, não apenas é correto ser consumido de paixão pela pessoa amada; é também uma bênção de Deus.

Permita-me dizer como você pode aplicar a sabedoria de Salomão ao seu casamento. Além de ser um indicador da saúde geral do seu casamento, a intimidade física (e a diversão) é uma das atividades mais poderosas para curar o seu relacionamento. Talvez seja por pouco tempo ou talvez vocês sintam que não estão em perfeita sincronia. Talvez pareça que perderam a prática ou que aquilo que estão fazendo não tem dado certo ultimamente. Ou talvez seja entediante e previsível. Não se desespere; há esperança.

ATÉ QUE A MORTE NOS SEPARE

Vamos começar pelos homens. Lembre-se de que o seu modo de agir é importante — muito importante! Embora exija um pouco mais de esforço, seja criativo ao abordar a sua esposa. Se você sempre se aproxima dela da mesma maneira, digamos, apontando para baixo e dizendo: "Ei, amor! Você quer fazer aquilo, não? Eu sei que você quer!", provavelmente está na hora de mudar de tática. Se você imagina que ela se excita quando você bate no próprio traseiro todas as vezes que sai do banho e diz: "Ei! Veja só o que tenho para você!", devo ser sincero: você precisa ser mais criativo.

Por exemplo, talvez você não dê muito valor ao carinho, mas ele pode ser muito importante para a sua esposa. Que tal ser sutil? Não há nada sedutor na nudez agressiva. Aperfeiçoe a sua tática. Tente ser romântico. Tente conversar sobre assuntos significativos. Ofereça um presente a ela. Envie flores sem nenhum motivo, não apenas para se desculpar depois de uma briga. Aperfeiçoe a sua tática. Pergunte como foi o dia dela. E preste atenção no que ela diz! Quando ela se sentar, segure um de seus pés e comece a massageá-lo. Aperfeiçoe a sua tática. Estão entendendo a minha mensagem, homens? (Assim espero, porque estou dizendo essas palavras para mim também.)

Finalmente, não tentem transformar tudo em sexo sempre. Se ela disser: "Precisamos trocar o óleo do carro", controle o seu ímpeto de responder mais ou menos assim: "Eu troco o *seu* óleo!".

Ao contrário, tente mostrar a ela que você a ama, não importa se a abordagem terminará em sexo ou não. Faça um carinho nas costas dela que *não* provoque excitação. Tente ser amoroso. Tente ser afetuoso. Aperfeiçoe a sua tática.

Também tenho alguns conselhos para as mulheres, claro. Tomem a iniciativa. É isso mesmo. Qualquer tipo de iniciativa.

Divirta-se

Mas tomem a iniciativa. (Saiba que estou sorrindo ao escrever essas palavras.)

A maioria das mulheres diz que gostaria de sentir um pouco mais de romantismo no casamento. Conforme diz Amy (veja a opinião dela no final deste capítulo), qual é o empecilho? Tente ser um pouco romântica. "[...] façam aos outros o que vocês querem que eles façam a você" (Mateus 7.12).

Mulheres, seja qual for a roupa que você usa, prometo que ficará mais bonita se for de seda do que de flanela. Jogue fora aquele roupão antigo e surrado que você usa como uniforme. Compre algumas *lingeries* bonitas. Hoje em dia existem muitas opções confortáveis (assim me contaram). Contrate uma babá e vá a um lugar romântico com o seu marido. Prepare um bom banho de banheira. Massageie as costas dele. Escolha uma boa música. Quem sabe a canção que diz: "Dê uma de Marvin Gaye e deixe rolar!".[1]

Talvez você esteja pensando: *Bom, isso tudo parece legal, Craig. Mas não há tempo para essas coisas. Temos filhos pequenos. Não podemos nos dar a esse luxo.* Coloque, então, um DVD infantil para as crianças, entre sorrateiramente com o seu marido no quarto e tranque a porta. Ponha uma pilha de travesseiros na porta para abafar os ruídos. "Rápido! Temos vinte e cinco minutos. Vamos, querido, vamos!".

O ponto principal é que vocês se divirtam a qualquer custo, talvez com brincadeiras antigas, umbigo contra umbigo. Sinceramente, eu adoraria receber um cartão de vocês daqui a nove meses anunciando a chegada de um lindo bebê.

---

[1] Música de Charlie Puth, cantor *pop* americano que ganhou fama no YouTube. [N. do T.]

ATÉ QUE A MORTE NOS SEPARE

PACTO DE INTIMIDADE

Agora, vamos conversar a sério por um minuto, mulheres. Falando de modo geral, penso que ninguém duvida de que a maioria dos homens sente o desejo de ter intimidade física com mais frequência que as mulheres. Portanto, você, mulher, precisa entender que, quando fecha aquela torneira e as coisas começam a secar, essa é uma crise para o seu marido. Equivale à aflição que você sente quando há silêncio, quando não há nenhuma intimidade emocional entre vocês dois. É uma crise. Uma das maneiras mais importantes de vocês demonstrarem amor pelo outro é renovar o compromisso espiritual que assumiram entre si por meio de atos de amor físico. O sexo é espiritual. Duas pessoas tornam-se uma por meio de um pacto de intimidade. É uma bênção de Deus, uma forma pela qual vocês podem servir genuinamente um ao outro.

Há outro aspecto que você precisa considerar. Se você não estiver suprindo as necessidades físicas do seu marido, quais serão as consequências mais prováveis? Afinal, você é a única opção legítima que o seu marido tem para satisfazer as necessidades sexuais dele. Tudo mais que ele fizer será pecaminoso. (E, homens, o mesmo se aplica a vocês. Se não estiverem suprindo as necessidades de intimidade física da sua esposa, estarão levando-a a considerar outras opções.) Não se engane: o maior presente que um casal pode dar um ao outro é ter relações sexuais frequentes, criativas e espirituais. Trata-se de um dom de Deus que o honra quando o marido e a esposa renovam seu pacto espiritual um com o outro.

Talvez você esteja pensando: "Mas ele é um idiota! Não estou gostando muito dele neste momento, e não quero que você me diga que devo fazer sexo com ele".

Eu entendo. Quando alguém fere os seus sentimentos — recuando, rejeitando, criticando —, é perfeitamente

Divirta-se

compreensível que você não queira ficar perto dessa pessoa. Eu entendo, sim. Talvez você seja casada com um idiota que só se preocupa com ele próprio. Ou talvez você seja um marido carinhoso casado com uma mulher manipuladora. Sem sombra de dúvida, são questões muito sérias que não quero ignorar.

O que vou dizer poderá ser extremamente difícil para você ler. Poderá ir contra tudo o que você sente. Mas pense comigo. Mesmo que não imagine estar muito perto do seu cônjuge fisicamente, você precisa lembrar que os sentimentos são seguidos de ações. Apocalipse 2.5*a* diz: "Lembre-se de onde [você] caiu! Arrependa-se e pratique as obras que praticava no princípio". Se você deseja o que teve um dia, comece a fazer o que fazia antes. Você se casou porque sentia alegria. Comece a sentir alegria de novo. Busque a Deus. Busque aquele que está em primeiro lugar junto com aquele que ocupa o segundo lugar na sua vida. Brigue civilizadamente. Você se divertiu antes. Pode voltar a divertir-se. Seja criativo. Faça disso uma prioridade.

"Mas eu não quero! Além disso, há um colega de trabalho que, a meu ver, é capaz de suprir as minhas necessidades emocionais, e ele tem uma aparência melhor que a do meu marido!"

Ou talvez: "Há uma garota na academia, e acho que ela é muito mais divertida que a minha esposa!".

Se a grama do vizinho parece mais verde que a sua, é tempo de regar o seu jardim. Invista no casamento que Deus concedeu a você. Aproveite a vida com a esposa com a qual Deus o abençoou. Mesmo que a distância entre aqui e lá pareça grande demais, lembre-se de que "para Deus todas as coisas são possíveis" (Mateus 19.26*b*). A partir de hoje e até que a morte os separe, busque a Deus com o seu cônjuge. Deus dará a vocês o que ele quer dar, desde que vocês o honrem andando corretamente.

E honrar a Deus no casamento deve ser divertido demais.

♥ A OPINIÃO DE AMY ♥

Conforme Craig já contou, ele e eu nos divertimos muito juntos ao longo dos anos. Mas aqueles momentos divertidos não aconteceram por acaso. Tivemos de escolher, com determinação, como nos divertiríamos juntos. Antes da chegada dos nossos filhos, quando éramos donos do nosso tempo, gostávamos de passar horas a fio jogando xadrez — sim, estou falando sério. E, claro, passávamos a maior parte daquele tempo conversando. Hoje, as oportunidades de nos divertirmos juntos — seja dando um passeio, seja jogando tênis, seja trabalhando lado a lado — geralmente se transformam em conversas incríveis que fortalecem o nosso relacionamento.

Depois de vinte e estranhos (sim, eu disse estranhos) anos de casamento (é brincadeira, Craig), sei que o nosso relacionamento está mais firme que nunca porque costumamos priorizar o tempo em que nos divertimos juntos. Sempre fomos o melhor amigo um do outro. E esperamos que a proximidade entre nós continue, porque escolhemos investir constantemente nesse tempo de conexão um com o outro.

As distrações estão por toda parte. A vida segue seu ritmo. E, infelizmente, tivemos de aprender da maneira mais difícil como é importante preservar o tempo que passamos juntos. Se você não fizer isso, pode apostar que verá o impacto negativo surgir inesperadamente no seu casamento. Quando você não reserva tempo para estar a sós com o seu cônjuge, aquelas comunicações em código que somente os dois conhecem são as que sofrem mais: um olhar, um gesto, como vocês percebem o que o outro está sentindo. Quando o casal perde esse elo, cria-se uma distância entre o marido e a mulher que ambos sentem no coração.

Divirta-se

Penso que o conselho mais importante que posso oferecer aos casais é simplesmente este: priorizem a sua agenda juntos. O tempo de qualidade que passam juntos é crucial para um relacionamento vibrante. Se vocês descuidarem um do outro, mesmo que seja por pouco tempo, o casamento sofrerá significativamente. Para que os laços conjugais se fortaleçam, vocês precisam ser determinados. Se você se encontra em uma fase conturbada da vida, entenda que é normal. Mas não se acomode ao normal. Aceite a responsabilidade de investir no seu relacionamento. Prepare um plano. Organize-o. E siga-o rigorosamente.

O que fez vocês se sentirem atraídos um pelo outro quando se conheceram? Aposto que foi a alegria, não foi? Seja qual for a situação que vocês vivem hoje, no início nunca se cansavam um do outro. E a explicação é que ambos estavam ávidos por conhecer e ser conhecidos. Vocês precisam esforçar-se para manter viva essa chama. Procurem encontrar tempo para estar juntos, como faziam antes. Os momentos de alegria que vocês criam para atrair um ao outro influenciam positivamente todas as outras partes do casamento.

A intimidade física relaciona-se diretamente com o processo de amadurecimento de vocês e pode ser um bom indicador de como anda o seu casamento — bem ou mal. Na verdade, se ultimamente a intimidade física tem sido problema no seu casamento, estou disposta a apostar que vocês não estão mais conectados emocionalmente em outras áreas do casamento.

Entendo que, às vezes, um dos cônjuges traz uma bagagem do passado e, se esse é o seu caso, oro para que você busque restauração em Cristo. Deus pode renovar completamente a sua mente e o seu coração por meio de sua Palavra viva e poderosa.

ATÉ QUE A MORTE NOS SEPARE

Eu sei. Ele fez isso por mim. A verdade é que a intimidade física no seu casamento é sagrada. É uma forma poderosa de ambos crescerem em Cristo e de oferecer amor um ao outro. A abstenção da intimidade física saudável prejudica o marido e a esposa, e pode permitir que o negativismo se infiltre em outras partes do casamento.

Portanto, priorize os momentos de diversão no seu casamento. Promova a mudança. Esforce-se para voltar aos tempos em que vocês eram amigos de verdade, riam juntos, abraçavam-se e olhavam nos olhos um do outro para sentir segurança e alegria. Se você for sincero consigo mesmo, é isso que realmente deseja, não? Então qual é o empecilho?

Deus quer que vocês se divirtam no casamento!

CAPÍTULO 4

Mantenha a pureza

Feliz e sagrado é aquele costume no qual duas pessoas que se amam podem descansar no mesmo travesseiro.

NATHANIEL HAWTHORNE

QUATRO OU CINCO ANOS DEPOIS QUE NOS CASAMOS, cometi uma estupidez que magoou Amy. (Eu sei, é difícil de acreditar.) Eu estava no nosso quarto vendo televisão enquanto Amy penteava o cabelo no banheiro ao lado. Sentado na nossa cama, com o controle remoto na mão, eu passava de um canal para o outro. (Qualquer homem pode comprovar o que estou dizendo. O importante não é o que está passando na televisão; o importante é o que *mais* pode estar passando na televisão.) Amy conseguia ouvir o som enquanto eu zapeava, mas não podia ver nada. Não estava sequer prestando atenção nas minhas mudanças de canal — ou assim eu pensava.

Continuei a zapear: basquete, *clique*, golfe, *clique*, pescaria, *clique*, comerciais, *clique*, garotas dançando de biquíni na praia... parei por um segundo. E hesitei. Depois de permanecer naquele canal por vários segundos, enquanto a minha mente vagava por aí (sem falar dos meus olhos), continuei: programa policial, *clique*, previsões meteorológicas, *clique*, programa sobre ciência, *clique*.

Alguns minutos depois, Amy saiu do banheiro. Caminhou na minha direção, sentou-se na cama e olhou para mim. A princípio, não disse nada. Continuou sentada, olhando-me nos olhos. Parei de clicar e olhei para ela. Permanecemos sentados na cama, olhando um para o outro por longo tempo, em meio a um silêncio constrangedor e desconfortável.

Finalmente, Amy quebrou o silêncio: — Por que você parou naquele canal?

Percebi um tom de mágoa em sua voz. Os pensamentos surgiram rápido, tentando alimentar as mentiras que eu poderia apresentar como respostas. "Diga a ela que o controle remoto enguiçou! Ou diga: 'O quê? Você está falando daquele programa musical? Achei que conhecia aquela canção, por isso parei para ver se me lembrava de qual era' ".

Mas nós dois já sabíamos qual era a verdade, claro.

Eu não consegui manter contato visual com ela. Cliquei para desligar a televisão, olhei para baixo em direção ao acolchoado e disse em voz baixa: — Eu não deveria. Eu... sinto muito.

Ela colocou a mão sob o meu queixo, levantou carinhosamente a minha cabeça até olharmos nos olhos um do outro. Vi que os dela estavam úmidos, inchados por causa das lágrimas represadas.

Não consegui fazer nada além de continuar a olhar para ela e não chorar. Senti um mal-estar dentro de mim. Em seguida, ela me fez uma pergunta da qual nunca esquecerei enquanto viver. A pergunta foi feita em voz baixa: "E... valeu a pena?".

Mantenha a pureza

O PREÇO DO PRAZER

"Valeu a pena?" Ora, você deve estar pensando que conhece a resposta certa para a pergunta de Amy, tanto para mim como para qualquer outra pessoa que estivesse na mesma situação que eu, enfrentando a tentação. No entanto, parece existir uma diferença enorme entre conhecer a resposta certa e a realidade de pô-la em prática.

Provavelmente você sabe que milhões de pessoas esperam, sonham e planejam casar um dia. Talvez você seja uma delas ou se lembre dessa época. Elas investem muita energia para encontrar aquela pessoa especial e assumir o compromisso de amá-la pelo resto da vida. (Talvez seja por isso que você está lendo este livro.) Gastam horas incontáveis para planejar cada aspecto do casamento perfeito.

Todos os casais noivos que conheço planejam ter uma vida conjugal maravilhosa, mas não conheço muitos que planejam trair o cônjuge cometendo adultério. Ou que sejam viciados em pornografia. Ou que queiram ter uma amizade colorida. Contudo, com base em evidências estatísticas, sem mencionar todo o reforço positivo que a nossa cultura proporciona, tornou-se aceitável, e até mesmo esperado, que todo mundo faça o possível para ser feliz. Todo mundo quer se sentir bem, e as formas são variadas: "um rápido encontro aqui, outro ali", um romance de verdade, um envolvimento emocional com alguém que conhecemos *on-line* ou o hábito de ver imagens eróticas. Queremos explorar as nossas fantasias e estar satisfeitos sexualmente, certo? Afinal, estamos no século XXI, gente — temos direito a isso!

Você está prestando atenção? Ninguém jamais diz que deseja que qualquer uma dessas coisas absurdas e fora de controle aconteça na sua vida. (Pelo menos ninguém que respeitamos.)

ATÉ QUE A MORTE NOS SEPARE

No entanto, as estatísticas mostram que 75% das pessoas se envolvem em pelo menos um desses comportamentos depois de casadas. (E algumas acabam envolvendo-se em mais de um.) Como pode ser? Se ninguém parece *planejar* envolver-se em atividades com grande poder de prejudicar ou até destruir o casamento (e também a própria vida), então por que grande parte das pessoas — a *maioria* — envereda por esse caminho?

Você sabe qual é o motivo principal que os casais de namorados citam hoje como responsável pelos rompimentos? Infidelidade. Um engana o outro. No entanto, é exatamente o que a nossa sociedade está treinando as pessoas para fazerem: a serem infiéis no relacionamento.

Muita gente não percebe que o grande espaço vazio entre *saber* o que é certo e *fazer* o que é certo está repleto de areia movediça. Em vez de erguer uma ponte firme e sólida de comprometimento para uma vida de pureza e fidelidade um ao outro, muitas pessoas pensam que podem encontrar o próprio caminho nesse grande espaço vazio. E, a cada passo que dão, afundam um pouco mais no pântano denso e malcheiroso. Um dia, elas afundam de vez e perdem o senso de direção. Esquecem que cada pequeno passo que dão em busca do prazer as distancia mais e mais da santidade do casamento. Cada mensagem de texto, cada conversa com segundas intenções, cada *site*, cada clique com o *mouse*, cada fantasia sensual.

Talvez seja útil lembrar que essas escolhas não são apenas venenos para o seu casamento, mas são também toxinas no seu relacionamento com Deus. Hebreus 13.4 é, provavelmente, o melhor versículo bíblico que trata diretamente da pureza conjugal: "O casamento deve ser honrado por *todos*; o *leito conjugal, conservado puro*; pois Deus julgará os imorais e os adúlteros" (grifo nosso).

Mantenha a pureza

O casamento deve ser honrado por todos. O que "todos" significa? Não se trata de uma pergunta capciosa. Significa que, se você é casado, Deus espera que você honre o pacto do casamento. Significa também que, se você *não é* casado, Deus espera que você honre o pacto do casamento. É claro que a pureza é importante para Deus. E a pureza é importante no casamento, quer você seja casado, quer esteja esperando casar um dia. Todos nós concordamos com isso, certo?

Quero fazer outra pergunta: Você acha que o adultério é sempre errado? Repetindo, não se trata de uma pergunta capciosa. A maioria de nós concorda que a resposta é "sim". Aliás, de acordo com um estudo recente, 90% dos americanos disseram que o adultério é *sempre* errado. E veja só: algumas décadas atrás, esse número era menor que hoje. Isso significa que, na geração anterior, havia um número maior de pessoas que acreditavam que o adultério poderia ser aceito em algumas circunstâncias. E veja algo mais estranho ainda: embora mais pessoas afirmem hoje que o adultério é errado, mais pessoas cometem adultério hoje que no passado.

De acordo com um estudo realizado pela Universidade da Califórnia, em San Francisco, entre 1998 e 2008, a porcentagem de adúlteros nos Estados Unidos foi maior que o dobro da década anterior. Espero que essa estatística o deixe tão assustado quanto me deixou. É claro que estamos caminhando na direção errada. Antes de falar sobre como reverter a situação, penso que precisamos primeiro entender por que isso está acontecendo. Embora eu diga que há muitos, muitos motivos para que mais pessoas cometam adultério hoje que no passado, vamos nos concentrar em algumas áreas que podemos controlar.

ATÉ QUE A MORTE NOS /SEPARE

TREINANDO PARA O DIVÓRCIO

O primeiro motivo para que mais pessoas cometam adultério hoje é que enfrentamos mais tentações nos dias atuais que os nossos antepassados. Além de haver mais meios de nos metermos em encrenca atualmente, eles tornam mais fácil ceder às tentações hoje que no passado.

Não sei dizer quantas vezes tivemos de aconselhar casais na nossa igreja por um dos cônjuges haver se enredado em uma aventura extraconjugal que começou apenas com uma conversa "inofensiva" *on-line*. Pode ser um ato inocente de tuitar para alguém que tem o mesmo senso de humor que você, ou encontrar casualmente uma paixão ou ainda ver fotos daquela pessoa linda em uma rede social — tudo não passa de uma isca. O que começa com um agradável vaivém raramente termina por aí.

Não termina mesmo. Você acaba tornando o caso particular, com um bate-papo ou um tipo de mensagem privada. Na primeira vez, pode ser até que você se sinta constrangido. Apaga as provas e promete nunca mais fazer isso. Com o tempo, porém, a menos que você receba ajuda e dê transparência a tudo, a isca continuará a atraí-lo, mesmo que não esteja *on-line*, até o anzol o pegar. A maioria dessas oportunidades de cair em tentação não existia dez anos atrás.

A culpa, porém, não é das redes sociais. É nossa.

Existem inúmeras maneiras de você envolver-se em encrenca *on-line*. Há *sites* totalmente dedicados a ajudar as pessoas a trapacear e a ter aventuras amorosas com discrição. Você recorre à Craigslist[1] e compra uma televisão, alguns pneus usados

---

[1] Rede de comunidades *on-line* centralizadas que oferecem anúncios gratuitos aos usuários. [N. do T.]

Mantenha a pureza

ou uma prostituta. (Para a sua informação, não tenho nada a ver com a Craigslist. Trata-se de um Craig totalmente diferente.) Penso que os *smartphones* e os *tablets* são uma das maiores tentações da tecnologia moderna. Quando eu era criança, se quiséssemos ver pornografia, precisávamos ter um amigo cujo pai ou irmão mais velho guardava esse material em lugar bem escondido. Tínhamos de procurar, encontrar e manter tudo em segredo.

Hoje, qualquer criança de 11 anos possui um *smartphone* (ou possui um amigo que possui) e tem acesso a qualquer coisa que você possa imaginar, e muito mais do que não gostaria de imaginar. Além disso, qualquer um pode ter acesso a esse material pornográfico durante vinte e quatro horas por dia. Que conveniência! Creio que esse tipo de tentação está afundando as pessoas, destruindo casamentos, arruinando vidas.

Penso que outro motivo para haver mais tentações hoje é que as pessoas estão demorando mais para casar. Embora essa tendência seja cada vez maior na nossa cultura, ela muda fundamentalmente a dinâmica do significado de ser "solteiro".

Não é algo difícil de entender. Quando as pessoas se casam com mais idade, significa que namoram um número maior de pessoas. Mesmo que você se comprometa a ter somente relacionamentos puros, namorar mais pessoas significa que enfrentará mais tentações e mais oportunidades de abrir mão dos seus padrões de comportamento. Se até as pessoas mais bem-intencionadas cedem (e as estatísticas provam que a maioria cede), então namorar um número maior de pessoas significa que elas acabarão tendo mais parceiros sexuais. E ter mais parceiros sexuais significa que, quando elas se casarem, levarão mais bagagem sexual para o casamento.

Você já parou para pensar por que os rompimentos são tão dolorosos nos dias atuais? São dolorosos porque as pessoas que não são casadas agem como tais. Na verdade, esse comportamento é totalmente previsível. Elas se envolvem nesse nível com 1, 2, 8, 12 ou 17 pessoas diferentes. Um dia, quando elas finalmente têm um cônjuge "de verdade", se a situação ficar difícil, o que acontece? Elas retornam automaticamente ao comportamento que adotaram ao longo dos anos: desistem e vão embora, porque estavam praticando o divórcio o tempo todo com aqueles "amantes". E nem perceberam.

Conforme já vimos, Deus exige que todos mantenham puro o leito conjugal. Não há o que discutir. Significa que as "coisas relativas ao casamento" são reservadas aos casais que se uniram pelos laços do matrimônio. Contudo, na cultura de hoje, apesar de sabermos que isso não faz parte da vontade de Deus, muitos casais fazem coisas relativas ao casamento sem assumir nenhum compromisso. Dizem mais ou menos estas palavras um ao outro: "Amo você, meu bem! Você é o único amor da minha vida". Mas o que de fato querem dizer é: "Você é o único amor da minha vida... neste momento. Tecnicamente, acho que você é... preciso pensar... o décimo sétimo? Não. O décimo sétimo 'único amor'. Até agora. Mas é o único amor da minha vida *hoje*. É suficiente, não? Eu amo você".

Todos nós já vimos essa situação nos relacionamentos de alguns dos nossos amigos, apesar de não agirmos como eles. Você sabe do que estou falando. Começa com encontros "regulares", mas, se eles se gostam, torna-se simples assim, um avanço inevitável do que a sociedade aceita, baseado principalmente na atração física. Uma coisa leva à outra, e, com o tempo, vocês estão tentando ganhar a medalha na categoria de Casais de

Mantenha a pureza

Ginastas Pelados. (Não finja estar envergonhado. Você sabe que é verdade.)

E por falar nos seus amigos (uma vez que não estamos nos referindo à sua pessoa, claro), você precisa aprender a reconhecer os maus conselhos que eles oferecem sobre relacionamentos. Se um amigo disser: "Você não compraria um carro sem fazer um *test-drive* antes, não é mesmo?", eu o encorajo a responder mais ou menos assim: "Claro que não! Também não sei se você já reparou, mas carros e pessoas são coisas completamente diferentes. O que você é? Louco?".

Pessoas são seres vivos. Os carros, não. Os seres humanos têm sentimentos. Mente. Alma. O carro não ficará emocionalmente ligado a você (e você não deve ficar ligado a ele). E, quando você se livrar do carro daqui a alguns anos porque ele está muito rodado e apareceu um novo modelo mais bonito, o carro não ficará magoado. E você também não sentirá remorso e culpa por ter usado o carro e se livrado dele, nem ficará constantemente preocupado e com medo de morrer sem ele quando envelhecer. Não, só existe um lugar para fazer um *test-drive* — na loja de carros.

ALIMENTOS CONTAMINADOS

Com esses fatores em mente, vamos pensar no que podemos fazer a respeito. Basicamente, há dois tipos de pureza: a pureza interior e a pureza exterior. A pureza interior diz respeito ao que se passa no nosso coração — pensamentos e sentimentos que escolhemos ter. A pureza exterior refere-se ao nosso comportamento — coisas que escolhemos fazer e coisas que escolhemos *não* fazer. Vamos começar a analisar a pureza exterior.

Paulo escreve: "Entre vocês não deve haver *nem sequer menção* de imoralidade sexual como também de *nenhuma espécie* de

ATÉ QUE A MORTE NOS SEPARE

impureza e de cobiça; pois essas coisas não são próprias para os santos" (Efésios 5.3, grifo nosso). Isso Significa que ninguém pode ver nada no nosso comportamento que dê a menor impressão de que estamos nos envolvendo com coisas imorais ou impuras. Por que até o pouco pode ser muito? Porque a impureza é como veneno; e até um pouco de veneno é muito prejudicial. Basta uma pequena dose para matar o seu casamento. E você não deseja *nenhuma* dose de veneno no seu casamento.

Pense nisto. Não é como se você dissesse: "Ah, veja... há um pouquinho de poeira na minha água!". Não. É como: "Ei! Há veneno de rato na minha água!". Não sei quanto a você, mas eu não gosto de tomar água com veneno de rato. (O gosto é péssimo, e pode matá-lo.) Não é o mesmo que misturar purê de batata com frango frito. É mais parecido com um gato sofrendo de diarreia agachado em cima do seu prato e "mandando ver". Sei que essa imagem é horrorosa e repugnante. Mas a ideia é essa! Quero que você se lembre de quão horroroso é permitir qualquer tipo de impureza no seu casamento, mesmo que seja uma simples *menção* de imoralidade.

Não posso imaginar que alguém queira ter diante de si um prato de comida repugnante e arruinada por um gato. É o mesmo que comer alimento completamente envenenado. Você deve sentir a mesma aversão ao permitir que o menor indício de imoralidade se aproxime do seu casamento.

E, já que estamos sendo claro, vamos fazer um pequeno teste para saber o que esse tipo de veneno representa para o seu casamento. Eu apresentarei uma situação, e você decidirá se, na sua opinião, isso representa "uma menção de imoralidade sexual". Responda com toda a sinceridade e não seja presunçoso — o nível de dificuldade aumentará e poderá chegar mais perto de você. Pronto? Vamos começar.

Mantenha a pureza

Você é casado e tem relações sexuais com alguém no seu local de trabalho. Sinal de imoralidade sexual: sim ou não?

A resposta é sim.

Você é casado e tem relações sexuais com a babá dos seus filhos. Sinal de imoralidade sexual: sim ou não?

Sim, claro.

Você é casada e tem relações sexuais com o belo rapaz que limpa a sua piscina. Só para dificultar um pouco mais, digamos que ele tenha músculos abdominais bem definidos — a famosa barriga tanquinho. E trabalha sem camisa. Sinal de imoralidade sexual: sim ou não?

Tentei desconcertar você com essa situação, mas a resposta continua a ser sim.

Digamos que você visite um site chamado Gatinhas Lindas e Excitantes enquanto trabalha. Sinal de imoralidade sexual: sim ou não?

Mesmo que seja um site que trate apenas de como cuidar de inocentes felinos, a resposta continua a ser sim.

Você sente atração sexual por Angelina Jolie. Ou por Brad Pitt. Ou pelas garotas da série SOS Malibu. Ou por aquele garotão da banda One Direction. Ou por todos os citados. Sinal de imoralidade sexual: sim ou não?

Essa seria uma ofensa indiscutível, com "sim" maiúsculo.

Digamos que você use roupas da moda, coladas ao corpo e bem curtas. Pode chamá-las de "modernas" ou *"sexy"* se você preferir, mas sabe do que estou falando. Talvez tente até alegar que está exibindo o que Deus (ou o cirurgião plástico) deu a você. Mesmo assim, o que você diz? *Usar roupas provocantes. Sinal de imoralidade sexual: sim ou não?*

Hummm, sim.

Não me interprete mal: não estou dizendo que você não deve usar roupas que a deixem bonita e elegante, nem sou contra cirurgias plásticas. Sinceramente, não tenho nada que ver com isso. Estou dizendo que o *motivo* pelo qual você usa essas roupas — e o *motivo* pelo qual você faz cirurgias plásticas — é muito importante. Mesmo que você não tenha a intenção de ter relações sexuais com outra pessoa que não seja o seu cônjuge, está agindo como "pedra de tropeço para os fracos" (1Coríntios 8.9). Você está levando o seu irmão ou a sua irmã a "cair em pecado". E, quando age assim — principalmente se for de propósito —, não está apenas pecando contra aquela pessoa. A Palavra de Deus diz que você está pecando contra Cristo. Trata-se de um assunto muito sério. Portanto, você jamais mantém o leito conjugal puro quando se veste de modo provocante.

E se você estiver viajando a negócios sem o seu cônjuge e, durante a viagem, sair para distrair-se um pouco e dançar com alguém (sem más intenções, claro)? Ninguém vai tirar a roupa em público nem dançar em cima da mesa. Você quer apenas se divertir e ser notado. E dançar é um bom exercício. Sinal de imoralidade sexual: sim ou não?

Sim. Se você deseja exercitar-se, vista um agasalho de moletom e saia para dar uma corrida. Não vá a lugares tentadores, porque essa não é uma atitude sensata.

Você ouviu falar de um livro novo e picante que todos os seus conhecidos estão lendo, digamos: Cinquenta tons de qualquer coisa. *Ou talvez o grupo de leitores da sua vizinhança esteja lendo o tal livro. O que você acha? Deve ler o livro também? Seria um sinal de imoralidade sexual?*

Cinquenta tons de sim, claro.

Quero explicar por que razão, na minha opinião, tudo isso é imoralidade sexual. Talvez você tente justificar-se, imaginando que poderia apimentar o seu casamento ou coisa parecida. Mas não passa disto: justificativa. Você conhece a verdade:

Mantenha a pureza

é pornografia para mulheres. Você não gostaria que o seu marido lesse coisas desse tipo, certo? Claro que não. E por que não? Porque é diarreia de gato. É veneno para o seu casamento. Na economia de Deus, não há cinquenta tons de cinza. Há apenas branco e preto. Há o certo e o errado. Pode parecer antiquado ou extremo, sinto muito. Lembre-se apenas de pensar desta forma: você não quer envenenar o seu casamento, nem mesmo "um pouquinho".

MEDIDAS EXTREMAS

Não devemos ser cuidadosos apenas em não adicionar algo que seja venenoso; devemos também evitar substâncias que se tornem facilmente venenosas. Os cientistas dão a isso o nome de "toxicidade latente", ou seja, a capacidade de determinadas substâncias se tornarem venenosas sob algumas condições. Às vezes, há um efeito cumulativo ao longo do tempo. Às vezes, ocorre em determinadas condições, como pressão ou temperatura. Reflita sobre a advertência de Paulo a respeito desses perigos: "Fujam da imoralidade sexual. Todos os outros pecados que alguém comete, fora do corpo os comete; mas quem peca sexualmente, peca contra o seu próprio corpo" (1Coríntios 6.18).

Paulo diz que devemos flertar com a imoralidade sexual? Não! Ele diz para fugirmos dela. Não se afaste dela casualmente. Corra! A toda velocidade! Saia em disparada! Corra, Forrest, corra! Distancie-se o mais que puder. Vire as costas e não olhe para trás.

Você deve estar pensando: "Que estupidez! O corpo é meu. Posso fazer com ele o que eu quiser". Quer saber? É verdade. Se você não segue a Cristo, faça o que quiser. No entanto, se você diz ser cristão, o seu paradigma deve ser diferente. Você não deve dizer: "O corpo é meu. Posso fazer com ele o que eu quiser". Paulo certamente previu que algumas pessoas se arrepiariam diante do que ele estava dizendo. "Acaso não sabem que o corpo de vocês é santuário do Espírito Santo que habita em vocês, que lhes foi dado por Deus, e que vocês não são de vocês mesmos? Vocês foram comprados por alto preço. Portanto, glorifiquem a Deus com o seu próprio corpo" (v. 19,20).

Ou pense nisso lembrando-se de outro homem que não dizia meias palavras, mas ia direto ao assunto — Jesus. "Se o seu olho direito o fizer pecar, arranque-o e lance-o fora. [...] E, se a sua mão direita o fizer pecar, corte-a e lance-a fora. É melhor perder uma parte do seu corpo do que ir todo ele para o inferno" (Mateus 5.29,30). As palavras de Jesus foram literais? Espero que não, claro. Se foram, veríamos muitos ciclopes manetas andando por aí. E, se sobrar apenas um olho, *ele* ainda pode fazer você pecar... Que Deus o ajude.

Não creio que Jesus estivesse falando literalmente. Na minha opinião, ele estava tentando ressaltar a importância desse tema. Estava dizendo que precisamos lutar firmemente contra *qualquer coisa* que nos leve a pecar. Precisamos manter distância. Fugir. Ou, melhor ainda, não nos aproximar de jeito nenhum. Trata-se de veneno radioativo.

Não sei se o que vou dizer se aplica exatamente a você, mas vou revelar alguns limites que impus à minha vida. O primeiro é que nunca fico sozinho com uma mulher, a não ser com a minha esposa e as minhas filhas — em nenhuma circunstância. Não fico sozinho com uma mulher em uma sessão de aconselhamento. Não viajo com uma mulher no carro, mesmo que seja por cinco minutos. Não me encontro com uma mulher para almoçar. Não faço nada disso. Simplesmente não

Mantenha a pureza

quero ficar a sós com uma mulher que não pertença à minha família. E não abro mão disso.

Outro limite que me impus é que tudo o que vejo na internet em qualquer computador que manipulo é monitorado, seja no trabalho, seja em casa. Cada clique que dou no *software* que uso envia um relatório a dois homens, ambos com autoridade para me demitir se notarem que estou espiando coisas que possam prejudicar a minha integridade, o meu casamento ou o meu relacionamento com Deus.

Também tenho dois amigos a quem presto contas. Ouvi alguém dizer: "Presto conta dos meus atos à minha esposa". Não é o meu caso. Além de achar que não é boa ideia, penso sinceramente que estaria cometendo uma injustiça com ela. Colocar essa carga nos ombros da minha esposa seria algo muito estranho. E afetaria negativamente a dinâmica do nosso relacionamento. Não, os meus dois amigos são pessoas sinceras e honestas comigo. *Por que dois homens?*, você pode perguntar. Porque necessito de alguém que me dê um chute no traseiro se for preciso, e a maioria dos homens não consegue dar um chute no meu traseiro sozinho. Por isso, encontrei dois homens em quem posso confiar.

Há ainda outro limite. Decidi bloquear o meu celular. Lembra-se de quando mencionei os perigos de ter acesso à internet durante vinte e quatro horas por dia? Bom, há bloqueios e restrições no meu celular cujos códigos somente os meus dois amigos sabem. O navegador padrão do meu celular está bloqueado, bem como alguns aplicativos que me tentariam a ver coisas que devo evitar. Tenho um navegador especial instalado no celular que me permite entrar na internet quando necessito e filtra os *sites* aos quais tenho acesso. E, repetindo, esse sistema envia aos meus dois amigos relatórios de tudo o que vejo.

CUIDADO COM O VÃO!

Talvez as minhas palavras soem estranhas para você (o que não me incomoda nem um pouco). Talvez soem como uma pilha de aborrecimentos. E elas são mesmo. São também muito inconvenientes quando estamos procurando algo legítimo (como receitas de frango frito ou fotografias de panquecas). Indiscutivelmente. E a pergunta óbvia seria: "Então você é tão fraco e vulnerável *assim*, Craig? Se não houvesse ninguém olhando, você veria essas coisas imorais ou impuras?".

Posso dizer sinceramente que a resposta é: "Não, não mesmo". Neste momento, enquanto escrevo este livro e penso nessas coisas, estou em lugar seguro. A minha decisão é firme. Tenho confiança no meu relacionamento com Cristo, e tudo vai muito bem. Então, por que essa preocupação? Porque, se você for sincero, sabe que nem todo momento na sua vida é assim. Não é? Nem na minha. Às vezes, eu me canso. Às vezes, eu me entristeço, fico zangado ou sinto que não estou recebendo o que mereço. Você sabe, sou igual a todo mundo. De repente, naqueles rápidos momentos de fraqueza, todas as portas para a tentação que eu poderia tentar abrir estão muito bem trancadas, com toda a segurança. O Craig Forte deste momento está preocupado com o Craig Fraco daqueles outros momentos.

Recomendo que você faça isso também. Você sabe quais são as suas fraquezas. Reúna coragem para encontrar soluções agora, nos momentos em que você se sente forte, enquanto está empenhado em ter uma vida de pureza que honre a Deus e ao seu cônjuge. Permaneça vigilante e seja cauteloso. O sistema de metrô de Londres é conhecido por seu lema: "Mind the Gap!" [Cuidado com o vão], para lembrar aos passageiros que tomem cuidado para não cair no vão entre a plataforma e os trilhos do trem. Se

Mantenha a pureza

você quer permanecer em lugar seguro e não cair, precisa ter essa mesma mentalidade. Faça o possível para agir corretamente agora a fim de se proteger no futuro. Construa as suas defesas para esses momentos de fraqueza. Bloqueie todos os caminhos para a impureza. Feche cada vão. Você agradecerá a si mesmo no futuro. Conheço vários casais que decidiram não ter contas individuais em redes de relacionamento. Eles têm uma única conta, para que o outro sempre tome conhecimento de todas as interações, eliminando até a possibilidade de tentação. Conheço muitos que compartilham as informações dos seus computadores e senhas, para que nada permaneça oculto. Assim, o outro sempre poderá verificar aquilo que desejar.

Algumas pessoas que conheço decidiram: "Não queremos nada imoral nem questionável na nossa casa. Vamos limitar o tempo que gastamos com entretenimentos. Continuaremos a ver filmes e programas de televisão de vez em quando, porém seremos muito mais seletivos. Só veremos programas e filmes que nos edifiquem, que reforcem a nossa fé, melhorem o nosso tempo com a família e fortaleçam o relacionamento entre nós dois". Mas, para algumas pessoas, isso não basta. Elas simplesmente se desvencilham de qualquer aparelho ou conexão que possa conduzi-las à tentação. Há quem diga que é exagero. Eu diria que é uma decisão exageradamente sábia.

Exercite a sabedoria piedosa. De hoje em diante e até que a morte os separe, tome decisões que afastem você para bem longe de encrencas. Tente ver o seu comportamento exterior pela perspectiva de Deus. As escolhas que você faz agradam a ele? Essa decisão que você vai tomar, esse pensamento que vai você pôr em prática, será pedra de tropeço para um cristão "mais fraco"? Escolha, então, fazer o que você sabe que é certo.

DO PECADO PARA FORA

Se a pureza exterior é o que as pessoas veem, a pureza interior é uma questão entre você e Deus. Pureza interior é o que você pensa e sente, o que se passa dentro do seu coração.

A grande verdade é que, apesar dos nossos melhores esforços humanos para sermos puros exteriormente, às vezes fracassamos, porque não temos força suficiente dentro de nós para vencermos todas as tentações que este mundo oferece. Até a melhor solução exige ação da nossa parte. Precisamos permitir que Deus transforme o nosso coração, para que possamos viver de modo puro de dentro para fora, não do pecado para fora.

Sei que, às vezes, você tem a sensação de ser a única pessoa que luta para ter uma vida que agrade a Deus. Você olha para as pessoas conhecidas, e parece que elas agem de modo certo naturalmente. Se você se sente assim, espero que encontre inspiração nestas palavras do rei Davi:

> Como pode o jovem
> manter pura a sua conduta?
> Vivendo de acordo com a tua
> palavra.
> Eu te busco de todo o coração;
> não permitas que eu me desvie
> dos teus mandamentos.
> Guardei no coração a tua palavra
> para não pecar contra ti
> (Salmos 119.9-11).

Que pergunta excelente, principalmente para o mundo no qual vivemos, cercados de tentações por todos os lados.

Mantenha a pureza

Como posso manter pura a minha conduta? Felizmente, Davi responde à pergunta que ele fez. Quero que você observe três coisas nesses versículos, três estratégias que Davi emprega e que você também pode empregar.

A primeira é simplesmente viver de acordo com a Palavra de Deus. Veja o que ele diz: "Guardei no coração a tua palavra". Davi entende que o único meio de viver de acordo com a Palavra de Deus é conhecer realmente o que ela diz. Então Davi faz o que *ele* é capaz de fazer: reserva tempo para saber o que a Palavra de Deus diz. Davi não se limita a ouvir o que os outros dizem sobre a Palavra de Deus; ele a busca. Também não a lê casualmente. Davi esconde a Palavra de Deus no coração, memoriza-a, guarda-a para referir-se a ela sempre que necessitar.

A segunda estratégia é que Davi mantém seu desejo de ser puro de acordo com os padrões de Deus. Veja sua insistência: "Não permitas que eu me desvie dos teus mandamentos! Senhor, aprendi a valorizar o que valorizas! Guia os meus passos e ajuda-me a permanecer no caminho que me levará a ti".

Finalmente, depois de dar esses passos em direção a Deus, Davi pede a ele que conduza sua vida. "Eu te busco de todo o coração, Senhor". O que isso quer dizer? Quer dizer que Davi está orando. Ele sabe o que Deus deseja dele porque leu sua Palavra. E, se esse é o compromisso de Davi, é isso o que ele quer fazer também. Agora resta selar o acordo, para que Davi mantenha seu relacionamento com Deus.

Quando estudamos a Palavra de Deus, quando nos comprometemos a viver de acordo com sua vontade e, quando o buscamos em oração, sua Palavra renova a nossa mente e transforma o nosso coração (v. Romanos 12.2). Aquilo que antes nos atraía — luxúria, cobiça, egoísmo e desejos da carne

ATÉ QUE A MORTE NOS SEPARE

— começa a nos causar repulsa. Com o tempo, torna-se mais fácil não entrar no círculo do perigo e permanecer longe do veneno. Reconhecemos imediatamente tudo o que pode prejudicar o nosso relacionamento com Deus ou destruir a intimidade do nosso casamento. As mesmas coisas que nos atraíam começam a nos enojar. "Não quero isto! É veneno! É diarreia de gato!" Não há nada pior no mundo que Satanás — e diarreia de gato.

Muitas pessoas traçam a linha no lugar errado. Dizem coisas como: "De hoje em diante, serei fiel à minha esposa, até que a morte nos separe. Jamais cometerei adultério". Elas não percebem que, quando chegarem ao pecado do adultério, já terão atravessado dezenas de outras linhas do pecado. O pecado não começa do lado de fora. Começa no coração.

Você vê algo (ou alguém) atraente e permite que aquela imagem chame sua atenção. "Hummm, parece bom." Isso é luxúria. E luxúria é pecado. Talvez você tenha até tomado uma atitude — não foi um adultério completo. "Um corpo sensual como o seu deveria ter uma etiqueta de advertência!" Insinuar a alguém que você está disponível quando não está se chama flertar. E isso é pecado.

Talvez você não tenha tomado nenhuma atitude. Apenas viu o que queria e deixou que os seus pensamentos vagassem. "Puxa! Eu gostaria de levar *aquilo* para casa." Você não está levando cativo todo pensamento, para torná-lo obediente a Cristo (v. 2Coríntios 10.5). É uma fantasia, e é pecado. Essas coisas são complicadas porque traçam a linha no lugar errado.

As sementes do pecado são plantadas bem antes de florescerem em adultério. Jesus explicou muito claramente em Mateus 5.27,28: "Vocês ouviram o que foi dito: 'Não adulterarás'.

Mantenha a pureza

Mas eu digo: Qualquer que olhar para uma mulher e desejá-la, já cometeu adultério com ela no seu coração".

Mesmo que o ato de adultério ainda não tenha ocorrido, o problema começa no momento em que a semente é plantada: luxúria. O que se passa no seu coração é importante. Embora haja coisas que você possa fazer para conduzir a sua vida na direção certa, é claro que você não pode fazer nada longe do poder de Cristo. Você precisa começar a guardar a Palavra de Deus no coração e a meditar nela. Mude o seu comportamento sempre que puder. Tome cuidado. Evite tentações. E, mediante o poder do Espírito de Deus agindo no seu interior, você chegará a um estado de pureza que nunca imaginou ser possível. Mas precisa haver um ponto de partida. Decida que você não quer mais pecar contra Deus. Faça o que puder para evitar as tentações. Decida que você deseja seguir o caminho da pureza. E permaneça nele.

VALEU A PENA?

Podemos tomar muitas atitudes práticas e permanecer fiéis no casamento pelo maior tempo possível, porém manter a pureza será sempre um desafio. Por quê? Porque somos humanos. Não somos perfeitos. Todos nós pecamos. Todos nós estamos destituídos da glória de Deus (v. Romanos 3.23,24). Perdi a conta de quantas vezes falhei nessa área (e em muitas outras). E, para ser totalmente sincero, você também falhará algumas vezes. Quando falhar, certifique-se de ter uma estratégia para usar no dia em que cair na tentação da imoralidade sexual ou da impureza.

Somos tentados a justificar o nosso pecado — "Estou apenas cuidando das minhas necessidades, e ela não" ou "Deus quer que eu seja feliz" —, mas essa atitude só vai levar você a afundar mais na areia movediça da imoralidade. Talvez você sinta remorso, principalmente se for pego pelo seu cônjuge. "Puxa, que estupidez. Claro que eu não queria fazer isso. Sinto muito." Às vezes, o remorso é perigoso porque nos permite mudar o nosso comportamento temporariamente — ou a esforçar-nos em dobro na próxima vez para não sermos pegos. Podemos até enganar a nós mesmos, sabendo por dentro que continuamos comprometidos com os nossos prazeres e desejos.

A única estratégia que realmente funciona é a sinceridade: a transparência, a responsabilidade, a confissão, o perdão. A única maneira de evitar que afundemos mais e mais no abismo é lidar com a tentação e com os nossos fracassos sempre que eles aparecerem. Mas não temos de permanecer no abismo — nem agora, nem nunca. Felizmente recebemos a promessa de que "Deus é fiel; ele não permitirá que vocês sejam tentados além do que podem suportar" (1Coríntios 10.13).

Uma das formas que Deus usa para me ajudar a fugir da tentação resulta do erro que mencionei no início deste capítulo. A pergunta de Amy para mim — "Valeu a pena?" — tornou-se um escudo poderoso na minha vida. Desde então, aquela simples pergunta tem ajudado a me proteger, incentivando-me a vencer todos os tipos de tentação: antes de dar uma segunda olhada, antes de fazer um comentário inapropriado em um grupo, antes de permitir que os meus pensamentos divaguem, antes de clicar em um comercial suspeito na internet, antes de parar em um canal da televisão em vez de desviar os olhos e seguir adiante.

Em algum momento vai valer a pena?

Posso dizer, sem hesitação, que agora a minha resposta é sempre não. E digo mais, nunca, em nenhuma circunstância,

Mantenha a pureza

haverá qualquer vibração sexual que valha a pena comprometer a minha integridade e prejudicar o meu relacionamento com Deus. Nem haverá uma porta aberta que eu possa magoar a minha esposa, que tem sido muito fiel a mim. Vale a pena? Não! Vale a pena? Não!

Se você está se sentindo culpado porque sabe que existe algo impuro na sua vida, domine esse sentimento. Eu pergunto: Vale a pena? Não!

Não vale a pena de maneira nenhuma, e você sabe disso.

Por mais impuro que esse sentimento seja, quero que você faça isto agora: confesse-o a Deus. Vá em frente. Ore. Peça perdão a ele. Lemos em 1João 1.8,9: "Se afirmarmos que estamos sem pecado, enganamos a nós mesmos, e a verdade não está em nós. Se confessarmos os nossos pecados, ele é fiel e justo para perdoar os nossos pecados e nos purificar de toda injustiça".

Busque a Deus. Brigue civilizadamente. Divirta-se. E, pelo poder de Cristo dentro de você, guarde a Palavra no seu coração para não pecar contra ele. Permaneça puro. E, aconteça o que acontecer, até que a morte os separe, nunca desista.

❤ A OPINIÃO DE AMY ❤

No início do nosso relacionamento, Craig e eu queríamos que a pureza não fosse apenas algo para pormos em prática, mas que ela fizesse parte do nosso caráter, que fosse uma qualidade característica do nosso casamento. A Palavra de Deus diz: "Afastem-se de toda forma de mal" (1Tessalonicenses 5.22). Algumas coisas que fizemos ao longo dos anos para guardar a nossa pureza poderiam parecer tolas e insignificantes a alguém de fora. Talvez até parecesse que estávamos exagerando, sendo ridículos. Mas levamos esse versículo a sério e sempre tentamos aplicá-lo de forma literal, tomando cuidado com aquilo que permitíamos que se aproximasse do nosso lar e do nosso coração.

Afastar-se é um verbo de ação. Craig e eu nos afastamos de tudo o que poderia ter a mais remota possibilidade de nos conduzir à impureza, seja em ações, seja em pensamentos. Por exemplo, evitamos ler determinados tipos de revistas. Somos cuidadosos com os filmes aos quais assistimos e com o que vemos na televisão e em outros meios de comunicação. Não permitimos que a cultura nos determine o que é aceitável. Protegemos um ao outro de relacionamentos perigosos. Também consideramos essencial ensinar os nossos filhos a se protegerem de tudo o que possa conduzi-los ao pecado. Creio que Deus tem abençoado a nossa família porque observamos sua Palavra. Os princípios e os mandamentos de Deus protegem o nosso casamento de todos os tipos de consequências negativas. Essas são apenas algumas atitudes práticas e externas que tomamos, e que apenas fazem parte da equação.

A outra parte tem que ver com o nosso relacionamento pessoal com Cristo. Precisamos permanecer perto de Jesus. Ele é a

Mantenha a pureza

fonte de pureza e santidade. A proximidade com ele santifica-nos. Quando nos aproximamos de Cristo, ele revela as nossas impurezas com carinho.

Pelo fato de eu permanecer perto de Deus e aprender com sua Palavra o que agrada a ele, quando um pensamento impuro surge na minha mente, eu o reconheço na hora. Lembro-me de que tenho um compromisso com Deus e com sua ideia de pureza, o que me ajuda a rejeitar rapidamente o pensamento, substituindo-o pela sabedoria que vem dele.

Precisamos reconhecer que a pureza é muito importante para Deus. Ele é um Deus santo. Quando nos adotou como seus filhos, ele também nos chamou a ser santos. Ele nos separou para sermos uma luz neste mundo. A pureza é realmente importante. A roupa que usamos é importante. Os nossos pensamentos são importantes. Aquilo que vemos é importante. Aquilo que falamos é importante. As pessoas que escolhemos para conviver conosco são importantes. A pureza é importante para Deus. É importante para o nosso casamento. Somos filhos de Deus; devemos ser parecidos com ele. Devemos ser santos, como ele é santo.

CAPÍTULO 5

Nunca desista

*Nunca confunda uma simples derrota com
uma derrota final.*

F. SCOTT FITZGERALD

ANOS ATRÁS, realizei a cerimônia de casamento dos nossos amigos Scott e Shannon. Em pé diante do casal radiante de felicidade e de seus amigos e familiares, contei detalhes daquele relacionamento. Scott havia respeitado Shannon e protegido sua pureza. Shannon havia respeitado Scott, orando fervorosamente por ele e ajudando-o a fortalecer sua fé. Ambos eram nossos amigos queridos, e grande era o meu entusiasmo por celebrar o compromisso que eles estavam assumindo diante de Deus, diante um do outro e diante de todos os convidados naquele dia especial.

No meio da cerimônia, olhei de relance para as minhas anotações cuidadosamente preparadas e entrei em pânico por alguns segundos. Enquanto lia o texto, vi um clamoroso erro de digitação. Sem perceber até aquele momento, eu havia digitado acidentalmente que "os dois serão *desunidos*".

ATÉ QUE A MORTE NOS SEPARE

É claro que eu queria escrever que "os dois serão *unidos*".[1] Felizmente, tive presença de espírito de não ler o que havia escrito e corrigir aquele detalhe importante no momento preciso. Devo ter hesitado por um instante enquanto fazia a correção, mas fiquei muito contente por não ter lido inadvertidamente a palavra errada que havia digitado. Além de não ter cometido um erro tolo diante dos nossos bons amigos (acredite em mim, sei que aquele grande dia pertencia a eles), eu não disse o oposto daquilo que pretendia dizer.

Após a cerimônia, mostrei a minha anotação errada a Amy. Ambos observamos que apenas uma letrinha estava fora de lugar. Quando o *i* foi colocado no lugar certo, a palavra ficou correta. No lugar errado, a palavra tinha o sentido oposto.

Talvez pareça insignificante, mas aquele erro de digitação ilustra uma verdade. Seja o que for que esteja acontecendo no casamento, se o "I"[2] não estiver no lugar certo, o casal ficará desunido. Se eu não me submeter inteiramente ao Senhor e não o colocar em primeiro lugar na minha vida, nunca poderei amar verdadeiramente o meu cônjuge com o amor incondicional de Deus. Dependendo de onde o "i" se encaixar, o casamento poderá ter um alicerce firme e seguro — ou poderá ser conduzido à desunião e separação.

DECIDINDO DECIDIR

E quanto a você? Em que pé o seu casamento se encontra agora? Abrangemos muitos assuntos até aqui. No entanto, no fundo, este capítulo talvez seja o mais importante para você,

---

[1] No original, *untied* ("desunidos, desatados") em lugar de *united* ("unidos"). [N. do T.]

[2] "Eu" em inglês. [N. do T.]

Nunca desista

se desejar sinceramente que o seu casamento sobreviva e seja bem-sucedido. Ao reunir todas essas cinco decisões cruciais para que o seu casamento seja à prova de divórcio — buscar a Deus, brigar civilizadamente, divertir-se, manter a pureza e nunca desistir —, notamos que esta última decisão é a que mantém as outras quatro em andamento.

E qual é o segredo para nunca desistir? É mais fácil do que você imagina. No início do nosso casamento, Amy e eu deparamos com uma verdade simples que fez toda diferença. Aliás, pelo fato de ser tão simples, é fácil subestimar o poder que ela pode exercer na sua vida. Você está pronto para saber qual é o segredo? Aqui está: o sucesso do nosso casamento dependerá da nossa decisão de torná-lo bem-sucedido.

A mesma verdade aplica-se a você: o sucesso do seu casamento depende da decisão de vocês de torná-lo bem-sucedido.

Nós dois não somos melhores que ninguém. Não pense, nem por um minuto, que não temos problemas porque trabalhamos juntos no ministério. Temos problemas como qualquer outro casal. Vivemos no mesmo mundo que você, repleto de pecados. (Você faz ideia do que seis crianças são capazes de fazer em um banheiro?) Decidimos, porém, buscar a Deus juntos, orar juntos e lutar para colocar Deus em primeiro lugar na nossa vida. Decidimos brigar civilizadamente, sempre procurando encontrar uma solução em vez de querer vencer, o que deixa muito espaço para o perdão e o amor. Decidimos separar um tempo regular para nos divertir, apreciar as dádivas do casamento e da amizade. Decidimos manter o coração longe de encrencas para permanecer puros, rejeitando todo tipo de veneno que possa corroer o nosso casamento. E, claro, decidimos não desistir, lutar incessantemente pelo casamento que Deus planejou para nós.

ATÉ QUE A MORTE NOS SEPARE

Espero que você tenha notado as duas palavras essenciais em tudo o que eu disse. Há somente duas: Nós. Decidimos. Você também tem esse poder! Tivemos de trabalhar juntos como se fôssemos um. Mas é preciso começar. Sei que será especialmente difícil se apenas um de vocês tomar a iniciativa. Mas vocês precisam seguir em frente. Estão juntos nesse relacionamento. Mesmo que não pareça, se vocês forem casados, Deus já os tornou um. As aparências não importam. A partir do momento em que Deus os tornou um, vocês não poderão mais desfazer esse laço. Mesmo que você seja o único a assumir esse compromisso agora, cabe a *você* decidir. Você decide como o seu casamento será. Será uma decisão boa? Ou será uma decisão ruim? Você decide. O sucesso do seu casamento depende da sua decisão de torná-lo bem-sucedido.

Talvez o seu casamento pareça não ter chance de sobreviver. Se esse for o caso, lamento muito e quero que saiba que sofro com você. Você deve ter a sensação de estar sendo empurrado para trás a cada página que lê. Talvez tenha sofrido uma traição no casamento; foi fiel ao seu cônjuge, mas ele não foi fiel a você. E o adultério prepara o caminho para o divórcio. Embora isso seja absolutamente verdadeiro — e a maioria das pessoas não o culparia por você ter desistido depois de ser traído —, quero lembrar você de uma verdade tão poderosa quanto a outra: o adultério prepara o caminho para o divórcio, mas também prepara o caminho para o perdão.

Para ter o casamento que Deus planejou para vocês, prometo que ambos terão de oferecer a sua cota de perdão. Mesmo quando perdoar parece impossível, dou graças a Deus porque tudo é possível para ele. Tudo. Até perdoar o que parece imperdoável. *Principalmente* perdoar o que parece imperdoável. E, quando você perdoa, torna-se mais semelhante a Deus que nunca.

Nunca desista

Sei que você não pode fazer nada para mudar o seu cônjuge. Mas sei também que você *pode* mudar. Pode fazer o possível para não desistir. Pode colocar-se no lugar certo, rendendo-se inteiramente a Deus, buscando-o todos os dias e acreditando em um milagre da parte dele. Pode decidir que nunca desistirá. Você fez um pacto, e não foi apenas com o seu cônjuge. Você fez uma promessa a Deus. Portanto, não desanime; permaneça unido a seu cônjuge, mesmo quando o inimigo desejar que haja uma desunião entre vocês.

Casamento significa perseverança. Significa nunca desistir um do outro. Significa nunca permitir que os medos de que o seu casamento não dê certo se transformem em palavras e ações das quais você se arrependerá para sempre. Significa nunca duvidar da capacidade de Deus de fazer o impossível. Seja qual for a situação em que você e o seu cônjuge estão neste momento, quero que ambos meditem no significado de correr a boa corrida juntos.

OS OPOSTOS SE ATACAM

Talvez não exista maneira melhor de começar a pensar no desejo de terminarem a corrida juntos do que lembrar de como vocês começaram. Se são casados, pensem na época em que se conheceram. Provavelmente eram muito diferentes um do outro. Todo aquele senso de humor inusitado dele, aquele modo inconfundível que ela tinha de ver a vida, isso chamou a sua atenção no início — e pode até ter assustado um pouco.

No entanto, vocês foram atraídos um ao outro exatamente por essas peculiaridades, o que os intrigou tanto a ponto de procurarem desculpas para se verem. E, com o tempo, ambos começaram a pensar: "Sei que somos muito diferentes um do outro,

ATÉ QUE A MORTE NOS SEPARE

mas penso que as nossas personalidades se complementam de forma maravilhosa. Hummm, eu gostaria de saber...". E, um dia, perceberam que foram feitos um para o outro, como duas metades de uma maçã. As suas fraquezas eram compensadas pela força dela. Ou você complementava o que faltava a ele. Afinal, é como se costuma dizer: "Os opostos se atraem".

Depois que vocês se casaram, estou adivinhando que o inevitável aconteceu. Provavelmente vocês perceberam que, se nos tempos de namoro os opostos se atraem, depois do casamento os opostos se *atacam*! Aquelas pequenas doses de humor e idiossincrasias que eram tão lindas e charmosas logo se transformaram em hábitos irritantes e bobagens repetitivas que só geram discussão, afastamento e dúvida sobre o que você estava pensando quando disse: "Sim".

Não demorou muito para vocês perceberem que, se um de vocês é pontual porque acha que chegar na hora é sinal de respeito e amor pela pessoa com quem vai se encontrar, há uma boa chance de que o outro pense... bom, que não é tanto assim. Na verdade, estou disposto a apostar que a sua esposa lida com o conceito de pontualidade com um pouco mais de "criatividade" que você. Além disso, ela está convencida de que os seus amigos o conhecem bem a ponto de saber que, se você disse 19 horas, chegará às 19h30. Aliás, seria grosseiro da sua parte chegar às 19 horas, porque eles ainda não estariam preparados para a sua chegada!

Conheço alguns casais em que um dos cônjuges é o responsável pelas finanças e até carrega consigo uma cópia impressa do orçamento da casa. Além de já ter preenchido os formulários para o ingresso na faculdade dos filhos que ainda não nasceram, ele abriu uma conta de investimento para pagar o curso. Contudo,

Nunca desista

todas as vezes que o casal sai para jantar com os amigos, o tal cônjuge é o primeiro a dizer ao garçom: "Traga o melhor vinho da casa. Esta noite estamos comemorando três meses de amizade entre nós. A sobremesa é por nossa conta!".

Conheço até um casal em que um dos cônjuges gosta de fingir que aquelas massas engorduradas, estufadas e cheias de farinha são "panquecas", embora o outro saiba que Deus só é glorificado com massas finas e perfeitamente redondas. É claro que Deus ama igualmente essas duas pessoas; só que ele oferece um pouco mais de graça e misericórdia a um que ao outro. Tenho certeza de que você sabe do que estou falando.

Uma das formas de reverter a situação, para que os opostos se atraiam em vez de se atacar, é aceitar o seu cônjuge como ele é, não como você quer que ele seja. O seu cônjuge nunca coloca os pratos e talheres na máquina de lavar louça como você coloca. O seu cônjuge nunca está pronto no horário que você deseja. O seu cônjuge nunca faz panquecas da maneira que Deus planejou. Mas lembre-se de que, além de ser correto, isso faz parte daquilo que o fascinou quando você conheceu essa pessoa.

É bom haver diferenças entre vocês. Aliás, a verdade é que, se você fosse casado com alguém igual a você, um dos dois seria dispensável. Deus sabia exatamente o que estava fazendo quando uniu os dois opostos. O ferro só afiará o ferro se as diferenças entre vocês forem friccionadas umas contra as outras o tempo todo (v. Provérbios 27.17). (E provavelmente eu não tenho de contar como é divertido friccionar as diferenças um no outro, em especial na atividade do umbigo contra umbigo!)

O problema é que pomos um pensamento na cabeça e ficamos convencidos de que as nossas diferenças sempre causarão conflito. Mas isso não precisa ser verdade. Só porque o seu cônjuge age de modo diferente do seu, isso não significa que existe um problema. Trata-se apenas... de uma diferença.

Se você não aceitar essas diferenças como verdadeiramente positivas, poderá colocar-se em situação de tentar esconder as coisas do seu cônjuge. Por exemplo, digamos que você seja a parte que não se preocupa em gastar dinheiro, e um dia almoçou fora sozinho e usou uma parte do orçamento doméstico para cobrir a despesa. Esse tipo de artifício pode transformar-se rapidamente em hábito, e, assim que essas "coisinhas" começarem a acumular-se, de repente você se verá diante de um problema muito maior.

A certa altura, mesmo que você admita sua "mentirinha" e peça perdão — o que deve realmente fazer —, uma das consequências negativas possíveis é o começo da falta de confiança no relacionamento. Outra consequência mais séria é que talvez, de agora em diante, vocês tenham de lidar com o rancor e até com a amargura no longo prazo. Haverá falta de confiança e ressentimento. Suspeita. Decepção. Silêncio. E, antes que vocês tenham percebido, acordarão de manhã como se fossem colegas de quarto, não marido e esposa. Poderão viver sob o mesmo teto, mas terão vidas separadas.

Para evitar esse processo de calcificação, ambos precisam tomar as decisões diárias que respeitem as grandes e importantes decisões. Se os dois se comprometeram a brigar civilizadamente, nenhum deve ficar tentando vencer; ambos se comprometem a resolver o problema, sem dizer ao outro que está com a razão. Se ambos se comprometeram a orar juntos, ambos são responsáveis para que isso aconteça regularmente. E, se ambos decidiram que nunca vão desistir, e que as suas promessas valerão para sempre, então as suas decisões diárias serão sempre de sinceridade, transparência,

Nunca desista

confissão e perdão. É a única maneira de manter vivos aqueles sentimentos que vocês tinham quando se conheceram.

Vocês se lembram do início do seu relacionamento, não? Quando vocês se apaixonaram, todas as músicas românticas tocadas no rádio faziam sentido, todos os cartazes na beira da estrada "confirmavam" que vocês estavam destinados um ao outro. Sempre que vocês estavam juntos, tiravam *selfies* dos dois namorando. Compravam cartões de felicitações e bichinhos de pelúcia. De repente, vocês se veem rasgando todas aquelas fotos e atirando os bichinhos de pelúcia na lareira. E se pegam sentados diante do juiz em busca do divórcio, com advogados gritando entre vocês e discutindo dolorosamente sobre quem ficará com a custódia dos bichinhos de pelúcia.

É claro que não precisa ser assim. E certamente não é essa a vontade de Deus para vocês. Não, ele sabe os planos que tem para vocês — "planos de fazê-los prosperar e não de causar dano, planos de dar a vocês esperança e um futuro" (Jeremias 29.11). Você sabe como esses planos são realizados na sua vida? Busquem a Deus. Busquem juntos aquele que vocês colocaram em primeiro lugar e orem juntos. Briguem civilizadamente. Em vez de tentarem "vencer" sempre, esforcem-se para encontrar uma solução. Divirtam-se, passando tempo de qualidade juntos, face a face, lado a lado e umbigo contra umbigo. Permaneçam puros. Não tentem chegar muito perto do perigo para depois recuar; fujam dele; fujam o mais que puderem. E, depois de terem feito tudo isso, nunca desistam.

ACEITE A GRAÇA

No entanto, quando digo que você nunca deve desistir, não o estou aconselhando a dar passe livre ao seu cônjuge para que ele o intimide e o trate como desejar. Não existe essa história de alguém ter o dom espiritual de ser saco de pancadas ou capacho de outra pessoa. Se a expressão "nunca desistir" significar que você precisa manter distância física para se proteger antes de procurar ajuda e salvar o seu casamento, faça o que for preciso para que isso aconteça.

Quero aproveitar este momento para dizer também que, se o seu casamento chegou ao fim, eu asseguro: hoje pode ser um novo dia para você. Se você está em Cristo, ele não o condenará pelo seu passado. E eu também não. Não fique apegado a essa culpa como se ela fosse um bichinho de estimação. Ao contrário, aceite a graça. Se você quiser saber o que eu diria a você se estivéssemos frente a frente, leia João 8.3-11 e Romanos 8. Começaríamos desse ponto. Depois eu diria, fosse qual fosse a parte perdida do seu relacionamento: aceite a sua responsabilidade e então aceite a misericórdia, a graça e o perdão que Deus oferece. O caminho para a sua cura precisa começar dessa forma.

Talvez você não seja casado, mas, quando olha para os seus relacionamentos passados, este pensamento vem à sua mente: "Sei que fiz muitas coisas erradas. Se pudesse voltar no tempo, agiria de forma diferente". Se você pensa dessa forma, acredite em mim, eu entendo. Todos nós cometemos erros no passado que gostaríamos de não ter cometido. Mas precisamos ser realistas: não podemos mudar o passado. Ao contrário, precisamos nos concentrar naquilo que *podemos* fazer: de hoje em diante, nunca deveremos desistir até que a morte nos separe. Se escolhemos seguir a Cristo, significa que servimos a um Deus para o qual "todas as coisas são possíveis" (Mateus 19.26). Precisamos pedir perdão pelos erros que cometemos; depois, seguir em frente e não pecar mais.

Nunca desista

Vamos dar uma olhada em outra passagem de Mateus 19. No início desse capítulo, grandes multidões seguiam Jesus na região da Judeia, e ele estava curando pessoas. No versículo 3, alguns fariseus (mestres da lei hebraica) elaboram um plano para que ele caia em uma armadilha e lhe fazem esta pergunta ardilosa: "É permitido ao homem divorciar-se de sua mulher por qualquer motivo?".

Antes de lermos a resposta de Jesus, quero que você entenda um dos aspectos culturais nos tempos de Jesus. É lamentável e talvez seja difícil imaginar isso nos dias de hoje, mas, na época de Jesus, as mulheres não eram consideradas iguais aos homens e, pior ainda, eram tratadas como se fossem propriedade deles. Elas não tinham direitos legais, e o homem podia dizer simplesmente à sua esposa: "Não quero mais você!". Simples assim. E então se divorciava dela.

O plano dos fariseus era pegar Jesus desprevenido, chamando a atenção do povo sobre ele com uma pergunta a respeito da lei hebraica, na qual eles eram especialistas. Jesus, porém, não caiu na armadilha. Ao contrário, ele chocou todos os que o ouviam. Jesus não ampliou um pouco o paradigma. Aliás, não o ampliou nem um pouco. Aniquilou o paradigma e introduziu um inteiramente novo, melhor do que eles haviam imaginado. Vejamos o que ele disse no versículo 4: "Vocês não leram que, no princípio, o Criador 'os fez homem e mulher' e disse: 'Por essa razão, o homem deixará pai e mãe e se unirá à sua mulher, e os dois se tornarão uma só carne'? Assim, eles já não são dois, mas sim uma só carne. Portanto, o que Deus uniu, ninguém separe".

Os fariseus estavam pensando na lei do tempo dos israelitas no deserto, quando Deus lhes entregou os mandamentos por intermédio de Moisés. Mas Jesus os fez retroceder mais ainda, quase ao início. Citou Gênesis, referindo-se ao primeiro casal, Adão e Eva. E, ao usar essas palavras, Jesus lhes mostrou que, depois que duas pessoas se casam, elas não são mais duas pessoas separadas, mas *uma só* pessoa.

GRUDADOS COMO COLA

Não atribua outros significados a esse texto. Jesus não estava dizendo que cada pessoa deve abrir mão dos seus direitos, da sua personalidade, dos seus dons individuais, da sua identidade. Ele estava dizendo que duas pessoas de características completamente diferentes uma da outra se unem para criar um novo ser, "uma só carne". E mais, elas não fazem isso sozinhas. O novo ser foi unido por Deus. E quando disse "o que Deus uniu, ninguém separe", Jesus estava explicando que as leis, as regras e as diretrizes pequenas e tolas dos fariseus não se aplicavam, porque as leis dos homens não podem sobrepujar a criação de Deus.

Quero usar uma ilustração para ajudar você a visualizar como isso funciona. Vamos pegar dois pedaços de papel, um representando o marido e o outro representando a esposa. Agora, vamos grudar esses dois papéis com uma cola bem resistente, colocando-os lado a lado e sobrepondo-os mais ou menos 2 centímetros, de cima a baixo. Eram dois pedaços de papel separados, mas depois de colados passaram a ser um, só que maior. Continuam a ter os mesmos atributos de antes, mas agora compartilham tudo. Eram dois. Mas agora são um.

Por que o divórcio é tão doloroso? Porque o processo é semelhante a tentar separar aquele papel grande e transformá-lo em dois pequenos. No entanto, isso não é mais possível! Por mais cuidado que você tenha ao separá-los, não conseguirá

Nunca desista

reaver os mesmos dois pedaços de antes. Eles vão ficar rasgados. Se você é divorciado ou se já enfrentou o sofrimento de ver amigos ou familiares se divorciando, sabe exatamente do que estou falando. É complicado demais. É destruidor. E o resultado não forma dois pedaços inteiros; forma dois pedaços rasgados.

Gosto muito da explicação simples que certa vez ouvi de Andy Stanley sobre esse mesmo princípio. Ele disse: "Não se pode desfazer o um que Deus fez um".

Penso que as pessoas da nossa cultura têm muita dificuldade de assimilar isso porque não entendem o verdadeiro significado do casamento. Elas acreditam que o casamento é um contrato, um acordo entre duas partes. Mas não é. O casamento é um *pacto*. E há um mundo de diferença entre um contrato e um pacto. O pacto baseia-se em comprometimento mútuo. O contrato, por outro lado, baseia-se em desconfiança mútua.

Veja: o contrato é feito para limitar a minha responsabilidade e aumentar os meus direitos. Se você e eu assinarmos um contrato, ele dirá basicamente que o acordo é tanto meu quanto seu. Eu me comprometo a fazer o que penso ser justo para mim, e você se compromete a fazer o que pensa ser justo para você.

Antes de me casar, comprei a minha primeira casa para ser alugada. Se alguém quiser alugar uma casa da minha propriedade — principalmente se eu não conhecer a pessoa —, vou pedir que assine um contrato. Uma vez que não nos conhecemos, não sei se posso confiar na pessoa, e ela não sabe se pode confiar em mim. O nosso contrato dirá que o acordo é tanto meu quanto dela. Se ela não fizer o que concordou em fazer (pagar o aluguel em dia e cuidar perfeitamente do imóvel), posso tirá-la da casa.

No entanto, o contrato é bilateral. Para benefício do inquilino, o contrato também diz que, se eu não fizer o que disse que faria (entregar a casa em perfeito estado, com tudo funcionando), ele poderá abrir um processo contra mim. Confiamos um no outro, mas precisamos cumprir o que prometemos. Se não agirmos de acordo com as expectativas do outro, o contrato termina, e podemos cancelá-lo.

É exatamente assim que a maioria das pessoas pensa a respeito do casamento. "Enquanto você me fizer feliz, enquanto fizer o que eu quero, enquanto não surgir nada melhor no casamento, permaneceremos juntos. Mas, se eu decidir a qualquer momento que você não está cumprindo a sua parte no contrato, pularei fora".

O casamento não é um contrato; é um pacto. E o que é pacto? Pacto é um *relacionamento* permanente. O nosso Deus é um Deus de pactos. O relacionamento dele com seu povo é permanente.

A palavra hebraica que traduzimos por "pacto" é *beriyth* (berit). A raiz dessa palavra significa literalmente "cortar ao meio" ou "cortar em dois". Nos tempos do Antigo Testamento, exigia-se um sacrifício de sangue para que duas partes entrassem em acordo. As pessoas dividiam o animal ao meio e andavam sete vezes de um lado para o outro entre as partes dele. Nesse ritual, elas estavam dizendo: "Se eu não cumprir a minha parte neste pacto, que aconteça comigo o mesmo que aconteceu com este animal". Fazer um pacto era um assunto muito sério.

Nos tempos do Antigo Testamento, também havia uma parte na cerimônia do casamento na qual os noivos se apresentavam diante de um sacerdote ou representante de Deus. O sacerdote segurava a mão do noivo e fazia uma pequena incisão com uma lâmina até começar a sangrar. Em seguida, segurava a mão da noiva e procedia da mesma forma. Depois, unia as duas mãos para que o sangue de ambos se misturasse. Por quê? Porque

Nunca desista

Levítico 17.14 diz: "porque a vida de toda carne é o seu sangue". Para os noivos, significava que, quando o sangue de ambos era misturado, a vida deles também se misturava.

Por fim, o sacerdote amarrava as mãos dos noivos com um cordão decorativo, simbolizando para as testemunhas, inclusive para Deus, que, dali em diante, eles não eram dois; eram um. "O que Deus uniu, ninguém separe". Eles foram unidos, "já não [eram] dois, mas sim uma só carne".

SEM COMBUSTÍVEL

Por causa da solenidade, por causa do significado da atitude que os noivos estão tomando quando se casam, eu sempre digo a eles que a cerimônia deve ser realizada por um pastor cristão, se possível. Se você já se casou perante um juiz de paz, não se sinta condenado. Mas, se você decidir renovar os votos, insisto em que pense seriamente em apresentar-se diante de um pastor e de Deus. Quando Amy e eu fizemos isso, você acha que foi mais ou menos como o descrito a seguir?

"Craig, você recebe e aceita Amy como a sua legítima esposa, até que a morte os separe, desde que ela seja sempre uma pessoa melhor (mesmo que você piore), desde que ela seja saudável (e cuide bem de você quando estiver doente), de preferência na riqueza (não necessariamente na pobreza), renunciando a todas as outras (que não são tão atraentes quanto ela)? Você jura ser fiel a ela (desde que ela o faça feliz)? Permanecerá ao lado dela (desde que ela cumpra a parte dela no trato)? Promete permanecer casado (desde que ninguém melhor se interponha no caminho)?"

É claro que não dissemos isso! O casamento deve perdurar em tempos melhores ou piores, na doença e na saúde, na

ATÉ QUE A MORTE NOS SEPARE

riqueza e na pobreza, renunciando a tudo e a todos, de hoje em diante, até que a morte nos separe. Não existe prazo para o casamento. O pacto só termina quando um dos dois morre. O contrato pode ter um prazo de duração. Por exemplo, se você quiser alugar uma casa minha por doze meses, daqui a um ano o contrato terminará. Mas o pacto dura até que a morte nos separe, e que Deus nos ajude!

Por mais que as circunstâncias mudem, por mais que os sentimentos mudem, o pacto do casamento permanece válido. No auge de seu ministério, o mundialmente conhecido evangelista Billy Graham viajava com muita frequência. Na verdade, era comum para ele permanecer fora de casa durante meses, realizando cruzadas e falando em vários eventos. Cabia, então, a Ruth Graham, esposa de Billy, a tarefa de criar os filhos sozinha e de cuidar da casa enquanto ele viajava. Posso garantir a você que a tarefa era tão difícil para ela quanto para qualquer um de nós hoje em dia. É difícil cuidar dos filhos sem a presença do cônjuge. Vários anos atrás, um repórter perguntou a Ruth se ela havia cogitado um dia divorciar-se de Billy durante mais de sessenta anos de vida conjugal. Ruth respondeu na ocasião: "Não, nunca pensei em me divorciar de Billy. Houve ocasiões que até pensei em matá-lo, nas nunca em me divorciar dele!".

Quando firmamos um pacto diante de Deus, precisamos cumpri-lo, seja como for. É claro que, como pastor, tenho ouvido inúmeros motivos pelos quais as pessoas não querem mais viver com o cônjuge:

"Não sou feliz."

"Não confio nele."

"Ela mudou. Não é mais a mesma pessoa com quem me casei anos atrás."

Nunca desista

E há também aquela clássica explicação de sempre: "Eu não o amo mais".

A decisão de divorciar-se porque falta amor é semelhante à decisão de vender seu carro porque ele está sem combustível. Nenhuma pessoa sensata faria isso. Você coloca gasolina no carro e vai em frente. Se a lâmpada do amor do seu casamento acendeu para avisar que o tanque está quase vazio, pare no acostamento e ponha amor de volta no seu casamento. E vá em frente assim que encher o tanque.

LIÇÕES DE SEMEADURA

Sei que não é fácil. Eu entendo. Mas, nas ocasiões em que você sentir que não existe mais amor, que você não consegue mais perdoar, que não existe mais encanto, quando você sentir que já fez o possível, é aí que haverá a verdadeira recompensa por você buscar a Deus. Deus precisa ser o seu manancial. O amor não é algo que Deus *faz*; é algo que ele *é*. Lemos em 1João 4.8 que "Deus é amor". Quando não sobrar a você nenhum amor para oferecer, permita que ele ame pelo seu intermédio. Você pode estender o perdão e a graça de Deus por meio da sua vida. Mas precisa recorrer a ele para reabastecer o seu tanque.

Se você quer ser conhecido como cristão, precisa entender isso. Você não pode dizer: "Amo a Deus, mas odeio o meu cônjuge". E eu digo por quê. Nesse mesmo capítulo, João diz: "Se alguém afirmar: 'Eu amo a Deus', mas odiar seu irmão, é mentiroso, pois quem não ama seu irmão, a quem vê, não pode amar a Deus, a quem não vê" (v. 20). Se você é cristão e se o seu cônjuge é cristão, as Escrituras deixam bem claro: você não pode dizer que ama a Deus e ao mesmo tempo não amar o seu cônjuge. Acreditem em mim. Entendo que é difícil, principalmente quando a situação não vai bem entre vocês. Mas, se você ama a Deus, busque-o, por mais difícil que a situação esteja. Dê a Deus a oportunidade de fazer aquilo que você não tem forças para fazer sozinho: permita que ele continue a amar pelo seu intermédio. Isso tem alguma semelhança com a sua vida? Como você pode pôr em prática o que estou dizendo? Digamos que você esteja tentando amar, mas não consegue chegar a lugar nenhum. Na economia de Deus (e, portanto, no seu casamento), você colhe o que semeou. Ninguém é imune a esse princípio. Quer você seja casado, quer não, esse é o ensinamento fundamental que exerce influência em cada relacionamento da sua vida. Gálatas 6.7-9 diz:

> Não se deixem enganar: de Deus não se zomba. Pois o que o homem semear isso também colherá. Quem semeia para a sua carne da carne colherá destruição; mas quem semeia para o Espírito do Espírito colherá a vida eterna. E não nos cansemos de fazer o bem, pois no tempo próprio colheremos, se não desanimarmos.

Um dos motivos para permanecermos puros é não semear para a carne — isto é, para a nossa natureza pecaminosa. Mas, se semearmos para o Espírito (buscando a Deus constantemente em oração), do Espírito colheremos a vida eterna. Mesmo enquanto escrevia essas palavras, Paulo sabia que as pessoas teriam muita dificuldade em fazer isso. Como eu sei? Porque, logo depois de ter dito isso, ele nos encorajou a não desanimar. A única maneira de recebermos a recompensa, a única maneira de realizarmos a colheita, é não desistir.

Nunca desista

Quando você aplica essas palavras ao seu casamento, precisa entender dois princípios. O primeiro é que você sempre colherá o que semeou. Se você plantou uma semente de maçã na terra, que árvore crescerá? Uma laranjeira? Claro que não! Quem planta e cultiva sementes de maçã terá uma macieira. Você colhe o que semeia.

Quando alguém sorri para você, qual é sua reação? Você sorri de volta. Cada um colhe o que semeia.

Quando alguém grita com você em tom irado, como você costuma reagir? Provavelmente você fica irado e na defensiva, certo? Cada um colhe o que semeia.

Se você for casado, esse é o motivo exato para tentar ser delicado, compassivo e amável com o seu cônjuge. Se você fizer isso, o que receberá de volta? Delicadeza, compaixão e amabilidade. Cada um colhe o que semeia.

Se, porém, você reclamar do seu cônjuge e criticá-lo constantemente, o que receberá de volta? Reclamações e críticas. O seu cônjuge ficará zangado e na defensiva e, mesmo que esteja errado, provavelmente tentará justificar o comportamento dele. Tudo porque a sua colheita depende das sementes que você plantou. Cada um colhe o que semeia.

NADA DE DESCULPAS

Encerrando a nossa conversa sobre o que é necessário para construir um casamento verdadeiramente forte, há um último detalhe que quero ter certeza de abordar. Não sou ingênuo. Entendo que tudo o que discutimos exige muito esforço para pôr em prática. É difícil manter os relacionamentos no rumo certo. Eles exigem atenção e envolvimento constantes.

E eu me dirijo a você que está pensando: "Craig, essas coisas parecem convenientes e certas, e talvez até funcionem para algumas pessoas. Mas não para mim. Acho que não. Já fiz tudo o que podia. Não estou disposto a tentar. Não estou disposto a perdoar. Não estou disposto a demonstrar misericórdia. Não estou disposto a orar. Não estou disposto a realizar todo esse trabalho. Não estou disposto a continuar casado. Não estou disposto a fazer coisa alguma, portanto não vou fazer".

Bem, já ouvi essas explicações de muitos casais. E darei a vocês o mesmo conselho que dei a eles. O que vou dizer poderá parecer muito forte. Não é essa a minha intenção. Vou ser franco e direto porque creio que Deus deseja que você tenha um casamento melhor do que pode imaginar, e me importo com isso. Você está pronto? Vamos lá!

Quando alguém diz que não vai tentar porque não está disposto a fazer coisa alguma, eu replico: "Você está brincando comigo?! Parece um garotinho manhoso de 5 anos! Em que outra área da vida você pode dar a mesma desculpa — 'Não estou disposto' — e não sofrer as consequências?'". Vamos dar uma olhada em alguns exemplos:

"Estou cansado de trabalhar. Não estou mais disposto a trabalhar, por isso não vou trabalhar este ano."

Você conhece o velho ditado: "Quem não trabalha não come"? Já parou para pensar de onde ele vem? Está na Bíblia (v. 2Tessalonicenses 3.10).

"Estou cansada de cuidar dos meus filhos. Não estou mais disposta a cuidar deles. Parece que o bebê chora o tempo todo, e todo mundo sempre precisa de alguma coisa. Não quero mais ser mãe."

Essa, porém, não é uma opção, é? Não. E o que você faz? Respira fundo, engole tudo, supera esses sentimentos e cuida dos seus filhos.

Nunca desista

"Não aguento mais tantos impostos. Não estou mais disposto a pagar nenhum imposto. Acho que vou parar de fazer isso."

Hummm. Acho que sei aonde isso vai dar. Provavelmente não vai funcionar para você, pelo menos por um longo tempo, certo? E o que você faz? Por pior que se sinta, você toma a decisão certa. Veste uma roupa de gente grande, passa por cima dos seus sentimentos, comporta-se como adulto e toma a decisão certa.

Quando eu o aconselho a não desistir do seu casamento, não estou dizendo que você precisa cerrar os dentes e engolir, e que você vai sofrer pelo resto da vida por ter um péssimo casamento, mas que, pela graça de Deus, continuará casado, mesmo que esteja vivendo um pesadelo há quarenta anos.

Não é isso o que estou dizendo. *Estou* dizendo que você vai colher tudo o que semeou. Estou convencido de que, primeiro por causa da Palavra de Deus e depois por causa dos anos de experiência pessoal, você começará a derramar amor, perdão, graça, honra e respeito de volta ao seu casamento — e não desistirá. E, com o tempo, você colherá os frutos de tudo isso. Sinceramente, demorará um pouco para você sobrepujar todos os elementos tóxicos que derramou sobre ele até agora. Mas, se for persistente, você colherá os frutos no momento certo.

Como será a sua colheita? Sinceramente, não sei dizer. A sua colheita ideal poderá ser diferente da minha. Mas posso dar algumas ideias:

Se você voltar a participar do jogo...

Se você continuar a buscar a Deus, brigar civilizadamente, divertir-se, permanecer puro e nunca desistir...

Se você continuar a colocar Deus em primeiro lugar na sua vida e buscá-lo sinceramente com a pessoa que ocupa o segundo lugar...

Se você perdoar quando for ofendido e confessar os seus pecados quando for preciso...

Se lutar junto com o seu cônjuge para vencer os problemas em vez de deixá-los acumular...

Se você engolir o orgulho e buscar aconselhamentos centrados em Cristo quando for preciso...

Se você se cercar de amigos sábios e piedosos...

Se você estender a mão para pedir ajuda em vez de tentar fazer tudo sozinho...

Se você aceitar que, às vezes, enfrentará contrariedades, mas se recusar a permitir que elas o detenham...

Se você aceitar que o seu casamento não é um contrato, mas um pacto diante de um Deus santo...

Então Deus honrará o seu comprometimento e o seu empenho. Você dará um testemunho. Será capaz de recordar a época em que o mundo rodopiava ao seu redor. Será capaz de contar aos outros quanto você e o seu cônjuge estiveram distantes de Deus, mas que ambos se aproximaram dele e um do outro.

Se você é egoísta e ressentido, Deus mudará o seu coração. Se você não tem sido o marido que deveria ser, Deus o pode transformar em um homem segundo o coração dele. Se você não tem sido a esposa que deveria ser, pelo poder do Espírito Santo, poderá tornar-se uma mulher poderosa de Deus, agradecida e surpresa diante da vida com a qual ele a abençoou.

Os seus amigos não olharão para você como antes. Invejarão o que você possui e o tentarão imitar. Você será um modelo inabalável de integridade. Os seus colegas de trabalho verão que você não é o mesmo — não é mais como antes, e também não é igual aos outros. Os seus filhos se orgulharão de você.

Nunca desista

Olharão para você e valorizarão os seus conselhos sábios. Você construirá um legado que honrará a Deus e às gerações futuras.

Começa agora.

Começa hoje.

Decida-se.

Não importa o que aconteceu no passado. Até que a morte os separe, você irá:

Buscar a Deus.

Brigar civilizadamente.

Divertir-se.

Permanecer puro.

E você *nunca* desistirá.

♥ A OPINIÃO DE AMY ♥

Craig já falou muito sobre não desistir, e espero que você tenha guardado essas palavras no coração. O seu casamento será mais feliz se vocês dois se comprometerem um com o outro. Ao pensar no início do nosso casamento, lembro que Craig e eu lemos casualmente uma citação de Ann Landers, colunista de aconselhamento, e suas palavras foram muito importantes para nós. Ela disse: "Desprezem o mundo inteiro antes de desprezarem um ao outro". Que conselho fantástico!

O tempo que vocês passam juntos é essencial. Esforcem-se para seguir na mesma direção. O afastamento ocorre quando não nos comprometemos a compartilhar sempre a nossa vida como casal. Sei que vocês não podem ficar juntos vinte e quatro horas por dia. Estamos todos mergulhados no trabalho e preocupados com as exigências da vida que nunca terminam. Mas faça o possível para manter contato com o seu cônjuge e permanecer em sintonia com ele, todos os dias. O desprezo não faz parte de um casamento feliz. Não permita que as distrações o impeçam de estar em comunhão com o seu cônjuge. Peça a Deus que mostre como conseguir isso. Busque a Deus em primeiro lugar e priorize o seu cônjuge na lista de relacionamentos humanos.

Há um conselho que dou às pessoas e que tento sinceramente seguir em relação a Craig: orar todos os dias pelo cônjuge. Além de ser óbvio (pedir a Deus que dirija a vida do seu cônjuge), pensar nele dessa maneira nos ajuda a permanecer ao seu lado. Se o seu casamento chegou ao ponto em que você sente que o seu cônjuge é um inimigo, você deve orar mais ainda por ele. Jesus diz em Lucas 6.28 que devemos abençoar os que nos

Nunca desista

amaldiçoam e orar por quem nos maltrata. Orar pelo seu cônjuge é a melhor atitude que você deve tomar.

Estar conectado com Deus em oração é essencial também para o nosso coração. O orgulho é extremamente prejudicial ao casamento. Muitas vezes, o que falta nos relacionamentos é humildade. Talvez eu queira muito agir corretamente. Mas o orgulho mata a intimidade. Somente quando me humilho e busco a paz é que o carinho e o afeto se desenvolvem. Preciso sempre oferecer a Craig, com humildade, a mesma graça e misericórdia que Deus derrama profusamente em mim.

Jesus disse em Mateus 19.26 que "para Deus todas as coisas são possíveis". Agarre-se a essa verdade enquanto você busca orar pelo seu cônjuge continuamente e com humildade.

Nunca desista do que Deus pode fazer pelo seu casamento. Nunca.

CONCLUSÃO

Até que a morte os separe

As minhas boas intenções nem sempre se transformam em boas ações, portanto quero agradecer a você por ter chegado até o final deste livro. Não sei dizer quantos livros comecei a ler e não terminei. O fato de você ter lido até o fim mostra que você se preocupa realmente em honrar a Deus e ter um casamento que vá além das suas expectativas. Oro para que você tenha sido encorajado por esta leitura.

Ao refletir sobre o meu passado, os meus erros, os meus pecados, preciso admitir que não mereço absolutamente ter um casamento que honra a Deus. (Amy diria o mesmo.) Antes de ser cristão, eu enganava todas as namoradas que tinha — todas. Amy é a única garota a quem sempre fui fiel. Na verdade, mesmo quando era um jovem cristão, eu me perguntava se possuía todas as qualidades para ser um marido fiel e piedoso. E a verdade é que eu não as possuía. O mesmo se aplica hoje. Não tenho realmente tudo aquilo que é necessário. É por isso que amo a frase que muitos casais dizem na cerimônia de casamento: "Prometo ser fiel ao meu cônjuge enquanto vivermos, *e que assim Deus me ajude*".

ATÉ QUE A MORTE NOS SEPARE

Eu necessito de Deus para amar a outra pessoa incondicionalmente. Necessito da sua ajuda para passar por cima das ofensas. Necessito da sua ajuda para me proteger das tentações que se escondem por todos os cantos. Necessito da sua ajuda para ser mais semelhante a Cristo e, assim, entregar a minha vida em favor de Amy. Sem Deus, o nosso casamento não seria nem um pouco especial. Provavelmente terminaria mal, como tantos outros. Mas, quando colocamos Deus em primeiro lugar na nossa vida, ele nos torna um. E ninguém pode desfazer o um que Deus fez um.

O mesmo se aplica a você. Você pode ter o casamento idealizado por Deus. Mas não o terá sem a ajuda de Deus.

Não importa o que aconteceu no passado, este é um novo dia. Uma nova possibilidade. Um novo começo.

De hoje em diante e até que a morte os separe, tudo poderá ser diferente.

De hoje em diante e até que a morte os separe, você poderá encontrar restauração.

De hoje em diante e até que a morte os separe, você poderá ter mais intimidade com o seu cônjuge.

De hoje em diante e até que a morte os separe, você poderá perdoar verdadeiramente da mesma forma que foi perdoado.

De hoje em diante e até que a morte os separe, você poderá estar mais próximo do seu cônjuge que nunca.

Lembre-se apenas disto: o passado é passado. Você não pode mudá-lo. Mas Deus pode mudar o seu futuro. Deus pode pegar nas mãos aquilo que o inimigo tem a intenção de usar para o mal e então usá-lo para o bem. Aquilo que poderia destruir o seu casamento, Deus pode usar para tornar vocês mais fortes, mais próximos e envoltos em um laço que jamais poderá ser desfeito.

Até que a morte os separe

Talvez você pense que tem problemas demais para superar. Não tem.

Talvez você pense que o estrago foi grande demais para ser reparado. Não é.

Talvez você pense que não possui as ferramentas necessárias. Você não possui. Mas Deus possui.

Não complique as coisas. Elas não precisam ser complicadas. Mantenha o seu casamento simples, focado e centralizado em Cristo.

Seja o que for que tenha acontecido antes, busque aquele que está em primeiro lugar junto com aquele que está em segundo lugar. Deus é a sua fonte. A sua força. O seu sustentador.

Briguem civilizadamente. Não briguem *pela* vitória; briguem *com base na* vitória que Deus deu a vocês. Juntos, vocês encontrarão a solução. E as suas diferenças não os dividirão; elas os fortalecerão.

Vocês apreciarão um ao outro como faziam antes, divertindo-se da forma que Deus planejou. Face a face. Lado a lado. Umbigo contra umbigo.

Vocês rejeitarão os venenos da impureza e permanecerão puros. Já perceberam que um simples momento de impureza não vale a pena. Nem sequer uma mera menção de impureza.

E vocês nunca desistirão de Deus e do seu casamento, porque Deus nunca desistiu de vocês.

Até que a morte os separe.

Agradecimentos

Gostaríamos de expressar a nossa mais profunda gratidão a todos os amigos que nos ajudaram a tornar este livro possível.

Dudley Delffs. Cada projeto elaborado com você é uma bênção. Além de ser um editor incrível, você é um amigo mais incrível ainda.

David Morris, Tom Dean, John Raymond, Brian Phipps e toda a equipe da Zondervan. Adoramos trabalhar em parceria com vocês, graças ao amor que dedicam para honrar a Cristo com a palavra escrita.

Tom Winters. A nossa gratidão por acreditar em nós e por ser uma peça valiosa da grande família que compõe a nossa igreja.

Brannon Golden. Cada projeto que fizemos tornou-se melhor graças a você. Deus concedeu a você um talento maravilhoso. Somos gratos por compartilhá-lo conosco.

Lori Tapp, Adrianne Manning, Stephanie Pok. Vocês são a melhor equipe de apoio do mundo. Amamos vocês e agradecemos a Deus por vocês.

Catie, Mandy, Anna, Sam, Stephen, Joy. Estamos muito orgulhosos da paixão que vocês demonstram por servir a Cristo. Agradecemos cada dia que passamos juntos.

Leia também...

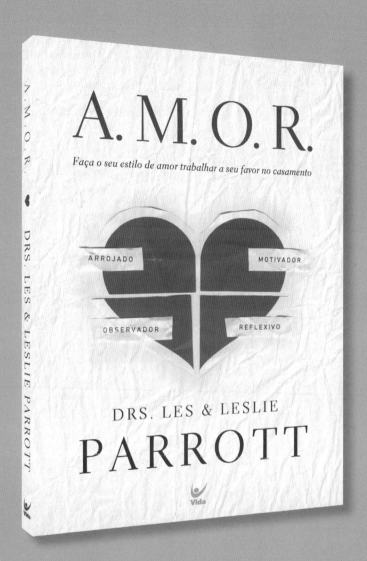

A.M.O.R.

Faça o seu estilo de amor trabalhar a seu favor no casamento

Drs. Les & Leslie Parrott

Leia também...

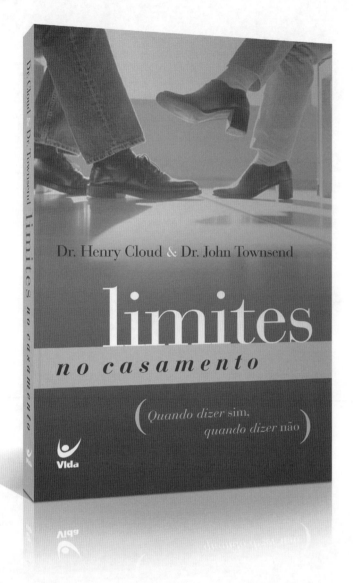

Limites no casamento

Quando dizer sim, quando dizer não

Dr. Henry Cloud & Dr. John Townsend

Esta obra foi composta em *Gentium*
e impressa por Imprensa da Fé sobre papel
Offset 70 g/m^2 para Editora Vida.